성공을 약속하는

Power Presentation

파워 프리젠테이션

성공을 약속하는

Power Presentation

파워 프리젠테이션

페터 우르스 벤더(Peter Urs Bender)

사람과 책

설득력 있고 오래 기억되는 파워 프리젠테이션은
발표자의 내부에서부터 시작된다 :

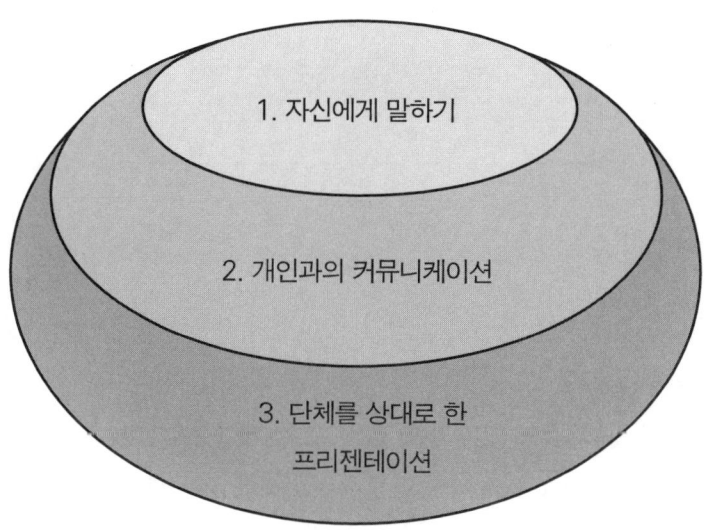

① 파워 프리젠테이션을 하려면 우선 자기 자신에게 말하는 습관이 필요하다. 마음속으로 발표 내용을 명확하게 정리해야 한다.

② 개인을 상대로 말할 때에는 자신의 생각을 체계화하여 표현한다. 내용을 명확히 전달하고, 상대방의 반응(feedback, 피드백)을 관찰한다. 전달한 메시지를 상대방이 모두 받아들이는 것은 아니다.

③ 단체를 상대로 프리젠테이션할 때는 이 책에서 설명하는 기술과 방법을 사용한다. 청중의 이해도와 수용도가 놀라울 정도로 높아질 것이다.

저자의 말

　동일한 교육 배경과 능력을 가진 두 사람이 같은 문제에 대해 비슷한 해결책을 제시할 경우, 보다 설득력 있게 발표한 사람의 안이 채택될 가능성이 훨씬 더 크다. 설득력 있는 프리젠테이션은 남을 움직이고 행동하게 만드는 힘(power)이 있다. 나는 이 책을 통해 바로 이런 파워 프리젠테이션의 비법을 함께 나누고자 한다.

　그러나 이 책으로 누구나 금방 프리젠테이션의 도사가 될 수 있는 것은 아니다. 프리젠테이션 기술을 배우고 익히는 데에는 많은 시간이 걸린다. 또 비법을 모두 익혔다 하더라도 남들 앞에 서서 말을 꺼내려는 순간에는 누구나 긴장과 떨림을 경험할 것이다. 이 책은 프리젠테이션에 대한 공포를 없애고 성공적인 프리젠테이션을 할 수 있는 기술과 자신감을 키워주기 위한 것이다.

　이 책은 처음부터 끝까지 순서대로 읽지 않아도 된다. 각 장이 독립된 내용으로 되어 있기 때문에 필요한 부분을 찾아 참고서처럼 이용하면 된다.

　그러나 최상의 효과를 얻으려면 처음부터 끝까지 적어도 3번은 읽는 것이 좋다. 자신의 프리젠테이션에 개선해야 할 사항을 반드시 발견하게 될 것이다. 이 책에 소개된 내용을 친구나 동료와 함께 나누는 것도 좋은 방법이다. 파워 프리젠데이션의 비법을 알고 있는 사람의 반응과 의견을 참조하면 자신의 프리젠테이션 기술과 능력을 보다 빨리 개선할 수 있을 것이다.

　이 책을 통해 독자의 프리젠테이션 기술이 향상될 수 있기를 바란다.

페터 우르스 벤더

목차

1

커뮤니케이션이 왜 중요한가

“이 세상에서 성공한 사람들은 눈만 뜨면
자신이 원하는 환경을 찾는 이들이다.
자신이 원하는 환경이 없을 때에는 스스로 만들어 낸다.

- 조지 버나드 쇼 - ”

1. 커뮤니케이션의 중요성

● 왜 프리젠테이션 기술이 중요한가?
why are presentations skills so important today?

비즈니스 세계에서 성공하려면 많은 요소를 갖추어야 한다. 지식, 기술, 경험, 조직능력 모두가 출세와 승진에 필수적인 요소이다. 이 중 가장 근본적인 것은 무엇일까?

오늘날의 비즈니스 세계에서 결정적인 것은 바로 커뮤니케이션 (communication)이다. 부하직원, 동료, 상사를 비롯하여 비즈니스 환경에서 만나는 모든 사람들에게 말, 표정, 몸짓 등을 통해 정보를 명확하고 효과적으로 전달하고 의사를 소통하는 것이야말로 성공의 열쇠이다.

● 효과적인 커뮤니케이션법이란? what is effective communication?

커뮤니케이션은 자신이 가진 정보를 다른 사람들에게 전달하는 것이다. 효과적인 커뮤니케이션은 자신의 메시지를 다른 사람들이 명확하게 이해할 수 있도록 전달할 때 이루어진다. 효과적인 커뮤니케이션을 하는 사람들은 다음의 일을 성공적으로 수행할 수 있다.

• 지도력을 발휘한다.
• 부하직원과 동료들을 행동으로 이끈다.
• 신뢰와 존경을 받는다.

- 사람들과 즐겁게 지낸다.
- 사람들이 스스로에 대해 더 많은 자신감을 느끼게 만든다.
- 정보를 쉽고 정확하게 전달한다.
- 자신의 목표를 달성한다.
- 인생의 목적을 이룬다.

2. 커뮤니케이션의 세계

만약 모든 점에서 동등한 자격을 갖춘 두 사람이 같은 조직 내에서 간부직 자리를 놓고 경쟁을 벌인다면 대부분의 경우 두 사람 중 보다 효과적인 커뮤니케이션 능력을 가진 사람이 그 자리를 차지하게 된다. 비즈니스 세계에서는 정보와 이를 전달하는 능력이 바로 실력이다.

그러나 비단 말을 잘하는 것만이 커뮤니케이션 능력의 전부는 아니다. 커뮤니케이션은 소리, 영상, 신체적 자극을 통해 청각, 시각, 감각 등 다양한 형태로 일어난다. 즉, 말하고, 듣고, 보고, 만지고, 맛보고, 느끼고, 냄새맡고, 움직이는 것 등 여러 경로를 통해 이루어지는 것이다.

또한 사진, 포스터, 책, 신문, 잡지, TV, 라디오, 녹음, 비디오, 컴퓨터 이메일(e-mail), 팩시밀리 및 기타 전자통신을 이용하여 메시지를 보내는 방법도 있다. 자신의 생각을 체계화하여 다른 사람들에게 전달하는 방법은 무수히 많다. 우리의 모든 행동과 우리 주변의 모든 것들이 메시지를 전달하고 있는 것이다.

오늘날 우리는 가히 폭발적인 정보를 접하고 있다. 몇 년 전만 하더

라도, 하루 동안 자신이 접한 모든 정보에 관심을 기울이는 일이 가능
했다. TV 채널 수도 많지 않았고 월간 시사잡지나 오락지도 몇 개 되지
않았으며, 한 주에 출간되는 신간서적도 그리 많지 않았다.

지금 우리에게는 무한한 정보 선택권이 있다. 일생을 걸려도 다 읽지
못할 책과 잡지가 있고, 수없이 많은 영화와 TV 프로그램이 널려 있으
며, 강연과 강좌도 부지기수이다. 서점, 도서관, 비디오 대여점에도 정
보는 쌓여 있다.

우리는 다 소화할 수 없을 만큼 엄청난 정보와 커뮤니케이션의 홍수
속에서 허우적거리고 있다. 너무 많은 정보가 쏟아져 나와 어떤 것에
집중해야 할지를 결정하기 어려울 정도이다. 우리가 접하는 정보의 흐
름을 따라잡기 위해서는 관심 대상을 빨리 선택해야만 한다. 이때 사람
들은 다른 어느 것보다도 독창적인 방법으로 전달되어 자신을 "사로잡
는" 내용에 주목하게 된다.

폭발적인 정보의 증가로 인해, 우리는 다른 사람들이 내보내는 메시
지와 경쟁하지 않을 수 없게 되었다. 가능한 한 빠르게, 또 효과적으로
자신의 메시지를 전달하는 일이 중요해진 것이다.

지금 각자에게 주어진 숙제는 다른 것을 향해 열려 있는 사람들의 관
심을 자신이 전달하는 메시지로 돌려놓는 것이다.

3. 커뮤니케이션의 도구

성공적인 커뮤니케이션을 하려면 각종 커뮤니케이션 기술과 첨단 기

자재를 이용하여 자신이 의도한 대로 메시지를 전달할 수 있어야 한다. 정보 전달은 여러 차원에서 한꺼번에 일어난다.

자신의 경험을 다른 사람에게 전달하려면 말만으로는 부족할 때가 많다. 자신이 말하는 내용에 상대방을 끌어들여야 한다. 청각, 시각, 촉각, 후각, 미각 등 모든 감각을 이용하여 상대방이 자신의 메시지를 경험하도록 만들어야 한다.

> 들은 것은 — 잊기 쉽고, I hear — I forget,
> 본 것은 — 기억하기 쉽고, I see — I remember,
> 해본 것은 — 이해하기 쉽다. I do — I understand.
> − 공자 −

● 말과 프리젠테이션 what this book is not about

이 책에서는 전통적인 화법이나 연설법에 대해 설명하지 않는다. 과거에 발표된 연설 관련 서적이나 강의는 화법, 즉 내용을 전달하기 위해 사용되는 말을 지엽적으로 다루었다. 여기서 "말"은 대단히 한정적인 의미로 쓰인다. 물론 내용, 즉 발표자가 말하는 것이 무엇인가는 대단히 중요하다. 우선, 내용이 있어야만 이를 상대방에게 전달할 수 있으니 말이다. 그러나 이 책은 그 내용을 어떻게 전달하느냐에 초점을 맞추고 있다.

프리젠테이션에 말이 있어야 하는 것은 당연하지만, 다양한 방법과 도구를 이용한 전방위적 접근이 필요한데, 이것이 바로 "프리젠테이션"이라는 명칭에 걸맞는 것이다. 프리젠테이션은 다양한 기술과 커뮤니케이션 도구를 이용하여 자신의 메시지를 가능한 한 명확하게, 또 효과적으로 전달하는 종합과정이다. "말"은 이 과정에서 단지 한 부분일 뿐이다.

프리젠테이션에는 발표 내용 이외에도 아주 많은 것이 관련되어 있다. 예를 들면, 몸짓, 표정 등 보디 랭귀지(body language), 리허설 요령, 시각 자료 이용 등 매끄럽고 완벽한 프리젠테이션 진행에 필요한 세부사항들이다.

기존의 책자는 커뮤니케이션 이론을 중점적으로 다루면서 주제를 청중에게 연계시키는 방법에 대해서는 극히 일반적인 설명에 그친 반면, 이 책은 메시지를 전달하는 데 숙달해야 할 실질적인 사항들을 자세히 다룬다.

⬤ 메시지의 전달과 이해 what you heard is not what I meant …

사람들은 자신이 가진 정보를 전달하기 위해 많은 노력을 들이기 때문에 상대방이 자동적으로 자신이 한 말을 이해할 것이라고 생각하기 쉽다. 그러나 사실은 이것과 전혀 다르다.

여행지의 말을 하나도 모르는 채로 해외 여행을 떠난 사람이 있었다. 드디어 여행지에 도착한 이 사람은 그곳 사람들을 만날 때마다 소리를 질러댔다. 그렇게 하면 어쩐지 그곳 사람들이 자신의 말을 잘 알아들을 수 있을 거라고 여겼던 것이다. 당연히, 그곳 사람들은 이 여행자를 미친 사람으로 생각했다.

간단명료하고 익숙한 말을 사용하지 않아 듣는 사람을 혼동시키는 경우도 종종 있다. 듣는 사람은 말한 사람의 의도를 헤아리기보다 자신에게 들리는 대로 상대방을 판단하게 된다. 아무리 상대방의 감정을 상하게 할 의도가 없었다 하더라도 실제로 상대방이 자신의 말로 상처를 입었다면, 그럴 의도가 없었다는 것은 아무 의미가 없는 것이다.

메시지의 의미는 상대방이 보이는 반응으로 결정된다. 말하는 사람의 의도를 상대방이 이해하지 못한다면, 어떤 의도를 가졌든 그것은 중요하지 않다. 커뮤니케이션에서는 자신의 말에 대해 상대방의 동의를 구할 것이 아니라 이해를 구해야 한다. 그러려면 상대방이 자신을 쉽게 이해할 수 있도록 모든 노력을 다해야만 한다.

4. 커뮤니케이션의 금기 사항

커뮤니케이션 과정에서 사람들이 자주 저지르는 실수가 있다. 다음에 열거한 금기 사항은 개인을 상대로 한 커뮤니케이션뿐만 아니라 단체를 대상으로 한 경우에도 적용된다.

- 빠른 속도로 말하는 것
- 단조롭게 한 가지 어조로만 말하는 것
- 너무 높은 목소리로 말하는 것

- 굳은 표정을 짓고 있는 것
- 말은 많이 하면서 내용은 별로 없는 것
- 감정이나 열의 없이 말하는 것
- 거창한 말을 많이 쓰는 것
- 구체적인 예를 들지 않고 추상적인 개념만 늘어놓는 것
- 상대방이 잘 모르는 용어를 사용하는 것
- 내용과 무슨 관계가 있는지 명확하게 밝히지 않는 것
- 틀린 문법을 사용하는 것
- 들리지 않을 정도로 작은 소리로 말하는 것
- 속어 및 비어를 사용하는 것
- 주제에 대한 지식이 없거나 사전에 준비하지 않은 채 말하는 것
- 체계화되지 않은 산만한 발표
- 상대방과 적절히 시선을 교환하지 않는 것
- 상대방의 관심을 흩뜨리는 어수선한 행동
- 상대방을 무시하는 태도로 말하는 것
- 우회적 표현 등 간접적인 표현
- 요약과 결론을 명확히 하지 않는 것
- 주요 골자를 설명하는 시각 자료를 사용하지 않는 것
- 상대방의 사고력을 무시하는 것
- 상대방의 행동을 촉구하지 않는 것

누구나 커뮤니케이션 과정에서 위에 열거한 금기 사항 중 적어도 하나 이상은 저지르게 된다. 그러나 자신의 실수를 인식해야만 이를 개선

할 수 있다. 위의 목록만 보더라도 커뮤니케이션에 있어서 내용만이 전부가 아니라는 사실이 분명하게 드러난다.

아무도 이해하지 못하거나, 심지어는 듣지 않는다면 커뮤니케이션은 이루어지지 않는다. 듣는 사람들이 발표자의 스타일에 위화감을 느낄 때에도 효과적인 커뮤니케이션은 이루어지지 않는다.

그러므로 첫 번째는 사람들이 듣게 만들어야 하며, 두 번째는 이해하게 만드는 것이 중요하다. 상대방이 내용을 이해하였을 때에야 비로소 사람은 상대방의 동의를 구할 수 있고, 더 나아가 자신이 원하는 대로 행동하게 만들 수 있다.

반드시 물리쳐야 할 커뮤니케이션의 5적

- 상대방과 시선을 교환하지 않는다.
- 상대방을 무시하는 태도로 말한다.
- 뻔한 사실만을 말한다.
- 감정이나 보디 랭귀지 없이 지루하게 진행한다.
- 전혀 미소를 짓지 않는다.

5. 커뮤니케이션의 6단계

말하는 사람이 전달하는 정보를 상대방이 이해할 수 있으려면 다음의 6가지 단계를 거쳐야 한다. 커뮤니케이션은 메시지를 보내고 받는 작업으로서 듣는 사람에게서 반응이 있을 때라야만 비로소 완전한 커뮤니케이션이 이루어지는 것이다.

❶ 전달할 가치가 있는 메시지를 준비한다

커뮤니케이션을 하기 위해서는 우선 전달할 만한 가치가 있는 메시지가 있어야 한다. 상대방과 아무 관련성이 없는 말을 아무렇게나 주절대는 사람들이 우리 주변에는 너무도 많다. "마음이 세내로 준비되기 전에는 절대 입을 열지 말라."는 말이 있다. 말하기에 앞서 자신의 생각을 충분히 정리하는 습관을 들이도록 한다. 그 결과로 얻어지는 높은 효과를 고려할 때, 이 준비과정은 매우 중요한 투자이다.

❷ 상대방의 주의와 관심을 사로잡고, 신뢰를 쌓아야 한다

사람들은 남의 말을 들을 때 "이 말이 내게 무슨 도움이 될까?"라는 근본적인 질문을 하게 된다. 상대방의 관심사나 욕구와 아무 관련이 없는 말을 하면 시큰둥한 반응을 얻을 수밖에 없다. 커뮤니케이션에서 상대방의 관심을 계속 붙들어 두려면 자신의 메시지를 상대방의 관심사와 연계시켜야 한다. 그런 다음, 상대방의 신뢰를 얻기 위해 노력해야 한다. 신뢰가 가지 않는 사람이 말하는 내용을 믿을 수는 없는 일이다. 따라서 초반에 상대방의 신뢰를 얻는 것이 중요하다. 내가 먼저 관심을

보여줄 때, 남들 또한 내게 관심을 갖게 된다. 무언가 상대방이 원하는 것을 주려고 노력하고 있다는 것을 보여줄 때, 상대방은 더 많이 집중하게 되는 것이다.

❸ 상대방의 이해를 돕는다

커뮤니케이션에서 무엇보다 중요한 것은 상대방이 이해하는 것이다. 처음부터 상대방을 설득하려는 것은 무리이다. 자신의 말이 옳다는 것을 증명하느라고 매달리는 것도 바람직하지 않다. 가르치는 말투로 하지 말고 잘난 척하는 말투도 피한다. 성숙한 어른이라면 누구나 이런 말투에 거부감을 느낄 것이다.

❹ 상대방의 반응을 관찰한다

자신의 메시지와 의도를 상대방이 제대로 이해하고 있는지 수시로 상대방의 반응을 확인해야 한다. 잘 이해하지 못할 때에는 진행을 잠시 멈추고 내용을 명확하게 설명해 준다. 필요하다면 몇 번이고 설명을 반복하여 요점을 확실히 짚어 준다.

상대방의 시각으로 사물을 볼 줄 알아야 한다. 듣는 사람이 말하는 사람의 뜻을 이해하지 못하는 것은 듣는 사람 잘못이 아니라 말하는 사람이 명확하게 전달하지 못했기 때문이라는 사실을 깨달아야 한다.

❺ 어조와 감정에 주의한다

대화할 때 싸우는 것같이 말하는 사람들도 있다. 무조건 상대방의 말을 반박하려고 하는 사람들도 있다. 이런 사람들은 상대방의 견해는 잘 들으려고 하지 않고 관심도 가지지 않는다. 따지는 투로 말하거나 격앙된 감정이 섞이지 않도록 주의해야 한다.

감정이 격해진 사람과 말할 때에는 되도록 빨리 자신이 상대방을 이해하고 동감한다는 것을 알려주어야 한다. 그래야 상대방이 마음을 진정하고 자신의 말에 귀를 기울이게 된다.

⑥ 상대방을 설득한다

상대방에 대한 설득은 커뮤니케이션의 마지막 단계로서 가장 중요한 단계라고 할 수 있다. 상대방을 설득하려면 먼저 발표자의 메시지를 이해하게 만들어야 한다. 상대방이 자신의 메시지를 이해했다는 확신이 들 때에만, 상대방으로 하여금 자신의 견해를 받아들이고 자신이 원하는 행동을 하게 만드는 설득 단계에 들어갈 수 있다.

사람들은 이익을 얻을 수 있거나 손해를 보지 않을 때에만 행동하는 법이다. 설득에서 중요한 것은 들은 것을 행동으로 옮겨야 하는 이유를 구체적으로 설명해 주는 일이다. 앞의 5단계를 확실하게 거쳤다면, 상대방은 훨씬 쉽게 설득될 것이다.

커뮤니케이션에서 각종 기술과 시청각 도구를 자유자재로 사용할 때 상대방은 내용을 훨씬 쉽게 이해할 수 있다. 아무리 중요한 내용이라 하더라도 효과적인 방법으로 전달하지 않으면 이해되기 어렵다.

6. 프리젠테이션은 종합예술이다

● 말하는 것과 프리젠테이션은 다르다
the speech VS the presentation

말은 가장 기본적인 형태의 메시지라고 할 수 있다. 말은 발표자의
견해와 이를 표현하는 단어들을 담고 있다. 이에 대해 프리젠테이션은
발표자의 목소리, 보디 랭귀지, 시각 자료 및 청중을 참여시키는 다양
한 기술을 사용하여 복합적인 매체로 메시지를 전달하는 것이다. 발표
자가 프리젠테이션에서 청중에게 전달하는 것은 이들 복합 매체의 총
체적인 이미지이다. 사슬의 강도는 그것을 구성하고 있는 가장 약한 고
리의 강도로 결정된다. 프리젠테이션 또한 모든 요소를 철저하게 준비
하고, 충분한 연습을 해야만 강력한 이미지를 가진 파워 프리젠테이션
이 될 수 있다.

파워 프리젠테이션에는 다섯 가지 필수적인 요소가 있다. 설득력 있
고 인상적인 파워 프리젠테이션을 하려면 프리젠테이션의 5대 필수 요
소 하나하나에 주의를 기울여야 한다. 각 요소를 간단하게 살펴보자.

말 the speech

이 장에서는 발표자의 견해와 이를 표현하기 위해 사용하는 말을 세
련되게 다듬는 방법에 대해 설명한다. 발표자는 말을 통해 정보를 전달
하거나 청중을 즐겁게 만들 수 있다. 또한 청중을 감동시키고, 청중의
행동을 촉진하기도 한다. 그러나 중요한 것은 이들 4가지 목적 중에서
어느 것에 중점을 두어야 할지를 결정하는 것이다. 확실한 목적이 없는

프리젠테이션은 발표자와 청중의 시간을 낭비할 뿐이다. 그러므로 프리젠테이션의 목적을 확실히 하고, 청중과 함께 달성하고자 하는 목표가 무엇인지를 정확하게 하는 것이 대단히 중요하다.

보디 랭귀지 body language

여기에서는 목소리, 호흡, 얼굴 표정, 청중과의 시선 교환, 제스처, 자세, 움직임, 의상 등 발표자가 사용하는 신체적 커뮤니케이션 도구에 대해 설명한다.

시청각 도구 equipment

이 장은 매우 중요한 부분으로서, 각종 프리젠테이션 기자재에 대해 살펴본다. 유인물, 모형, 도안, 그림, 도표, 차트, 오버헤드 프로젝터, 컴퓨터, 플립 차트, 영화, 비디오, 슬라이드, 녹음테이프, 마이크 등이 있다.

환경 environment

프리젠테이션의 장소와 시간에 대해 설명한다. 예를 들어, 장소의 위치와 크기, 좌석 및 기자재 배열, 음료 및 다과, 조명, 휴식시간, 시간 조절 등을 알아본다.

준비 preparation

어떤 종류의 프리젠테이션이든 가장 중요한 요소는 준비로서, 미리 세세한 부분까지 철저하게 연습하는 것이 성공의 관건이다. 여기에서는 말, 보디 랭귀지 및 유인물을 준비하는 방법, 청중에 대한 지식, 시작과 끝맺는 방법, 발표자와 프리젠테이션에 대한 적절한 소개법 등을 살펴본다. 또 프리젠테이션 일자와 시간, 장소에 대한 확인, 좌석 배열과 기자재 준비에 필요한 사항에 대해 설명한다. 주최측과의 협력 사항에 대해서도 살펴본다.

파워 프리젠테이션의 5대 필수 요소를 이해하고 이를 습득하면 프리젠테이션의 효과가 엄청나게 커질 것이다.

너무나 많은 사람들이 첫째 요소인 말에만 주력하는 경향이 있다. 청각, 시각, 신체 접촉 등 모든 감각을 사용한 커뮤니케이션은 청중으로 하여금 발표자의 메시지를 훨씬 더 효과적으로 이해할 수 있게 해준다. 5대 필수 요소가 절묘하게 조화를 이룬 프리젠테이션에서는 청중이 메시지의 요지를 놓치는 일 따위는 일어나지 않는다. 또한 발표자로서는 최선을 다했다는 만족감과 성취감을 느낄 수 있을 것이다.

파워 프리젠테이션의 5대 필수 요소

1. 말 (The Speech)

2. 보디 랭귀지 (Body Language)

3. 시청각 도구 (Equipment)

4. 환경 (Environment)

5. 준비 (Preparation)

2

성공적인 프리젠테이션을 위하여

" **인내**

이 세상에서 끈기를 대신할 수 있는 것은 아무것도 없다.

재주는 끈기를 대신하지 못한다:

재주는 많지만 성공하지 못한 사람만큼 흔한 것도 없다.

천재도 끈기를 대신하지 못한다:

이름값도 못하는 천재 또한 수없이 많다.

교육도 끈기를 대신하지 못한다:

세상은 이미 잘난 게으름뱅이로 만원이다.

끈기와 결단력만이 무엇이든 이룰 수 있다.

– 캘빈 쿨리지 – "

1. 사람들 앞에 서는 것이 두렵다

이상하게 들릴지 모르겠지만, 인간이 죽음보다 두려워하는 것이 바로 다른 사람들 앞에서 말하는 것이다. 대부분의 사람들은 남들 앞에서 말하면 창피를 당할 소지가 많다고 생각한다. 틀리게 말을 하거나 잘못하여 웃음거리가 되는 것이 두려운 것이다. 많은 사람들이 모여 있는 앞에서 대담하게 일어나 메모 쪽지도 없이 마치 일대일로 대화를 나누듯 자연스럽게 말하는 사람을 보면 모두 감탄과 부러움을 금치 못한다. 그러나 남 앞에서 말하는 기술은 누구든지 기를 수 있다. 즉, 사람은 누구나 여러 사람들 앞에서 자신의 생각을 자신 있게, 또 효과적으로 발표할 수 있다는 것이다. 많은 시간과 연습이 필요하지만 노력하면 누구나 다 할 수 있다. 무엇보다도 기꺼이 실패를 무릅쓰려는 자세가 필요하다.

남들 앞에 서서 무슨 말을 해야될지 몰라 난감해진 경험이 누구나 한 번쯤은 있을 것이다. 말문이 막히면 당황하게 되고, 이 상황이 주는 스트레스로 인해 집중력을 잃게 된다. 내용을 기억해 내려고 너무나 애쓴 나머지, 모든 것을 다 잊어버리게 되는 경우도 생긴다.

또, 논의되고 있는 주제에 대해 아는 것이 전혀 없음에도 불구하고 한사코 의견을 말하라는 주문을 받게 되는 때도 있다. 좋은 인상을 주려고 애쓰다가 여유를 잃게 되어 마치 다른 사람같이 어색하게 행동했던 경우도 있을 것이다.

여태껏 생각하고 있던 것을 갑자기 잊어버려 무슨 말을 해야 할지 모르는 "일시적인 기억상실"에 빠진 경험도 있을 것이다. 이런 "일시적인 기억상실"은 누구에게나 일어나는 현상이다. 사전에 메모 카드를 준비하면 이런 난처한 상황을 원만하게 넘길 수 있다. 만약 무슨 말을 해야할지 정말 모르겠다면, 무언가 생각이 날 때까지 잠시 진행을 멈춘다. 청중이 제기한 어려운 질문에 답을 모르거나 발표 도중 중요한 사항을 잊었다면 사실대로 간단하게 말하고 나중에 답을 알려주겠다고 진실한 태도로 말해주면 된다.

2. 성공의 열쇠는 열정과 인내

자신이 맡은 임무를 훌륭하게 성취한 사람은 한 번의 성공을 위해서는 수많은 실패가 있어야 한다는 사실을 잘 알고 있다. 첫 번째 시도에서 성공을 일구어 낸 사람은 드물다. 성공한 사람들은 자신이 하고 있는 일에 확고한 믿음이 있었기 때문에 도중에 포기하지 않았던 것이다. 한번 시작한 일은 끝까지 밀고 나가는 용기와 자신이 저지른 실수를 분석하여 이를 개선하는 능력을 가진 사람만이 성공한다.

올림픽 금메달 선수, 위대한 발명가와 과학자, 새로운 사업에 성공한 기업인이 바로 이런 과정을 거쳐 성공한 것이다. 설득력 있는 프리젠터(presenter)가 되려면 우선 더 훌륭한 프리젠터가 되려는 욕구를 가져야 한다. 또, 자신에 대해 100%의 믿음을 가져야만 노력한 만큼 성과를 얻을 수 있다.

유능한 프리젠터는 훌륭한 메시지를 개발하고 이를 전달하는 능력을 개선하기 위해 열정적으로 노력해야 한다. 주제에 대해 최고의 지식을 갖고, 이를 전달하는 능력 또한 최고로 만들기 위해 부단히 노력한다. 열정은 없으면서 바라기만 한다면 기다리는 결과는 결코 오지 않는다.

진정으로 프리젠테이션 기술을 향상시키려는 욕구가 없다면 중간에 쉽게 포기하게 된다. 끈기 없이 개선은 이루어지지 않는다. 무엇이든 해보지 않고서는 발전할 수 없으며 중간에 쉽게 포기해도 발전은 없다.

그러나 가장 중요한 것은 성취해야 할 목표를 확실하게 알아야 한다는 것이다. 개선해야 할 부분이 무엇인지 알아야만 그 부분에 관심과 에너지를 집중할 수 있다. 발표에 대한 자신감을 더 길러야 하는 사람도 있고, 좀 더 재미있는 스타일이 필요한 사람도 있다. 더 나은 프리젠테이션을 위해 누구나 한두 가지 기술은 더 다듬어야 한다. 어떤 경우에건 비법은 마찬가지이다.

- 자신의 약점을 분석하여 이를 개선한다.
- 자신의 강점을 파악하여 그것을 기초로 한다.
- 기술 향상을 위한 행동계획을 세운다.

그런 다음에는 완벽해질 때까지 연습을 반복하는 일만이 남아 있다. 한 번에 끝날 수도 있고, 수백 번을 반복해야 하는 경우도 있을 것이다. 끈기를 가져야 한다. 그렇지 않으면 한 발자국도 앞으로 나갈 수 없다.

노력, 땀, 눈물, 그리고 엄청난 준비가 없다면, 결코 훌륭한 프리젠테이션은 이루어지지 않는다.

어떤 학위를 가졌는가는 전혀 중요하지 않다. 석사학위, 박사학위,

고교졸업장, 무엇이든 상관없다. 대통령도, 스위스 은행에 억만 달러를 넣어둔 갑부도 마찬가지이다. 누구든지 설득력 있고 효과적인 프러젠테이션을 하려면 많이 연습하고 준비해야 한다. 토마스 에디슨의 말을 빌리자면, 파워 프리젠테이션을 하려면 10%의 영감과 90%의 땀이 있어야 한다.

> 위대한 작업은
> 힘이 아니라 끈기로 이루어진다.
> - 사무엘 존슨 -

● 다른 프리젠터를 보고 배워라 study other presenters

프리젠테이션 기술을 향상시키는 데 가장 간단하면서도 효과적인 방법은 다른 프리젠터를 주의깊게 관찰하고 그들의 프리젠테이션 기술을 분석하는 것이다. 소문난 프리젠터는 물론, 아직 경험이 많지 않은 발표자의 프리젠테이션에도 참석한다. 무엇 때문에 훌륭한 프리젠테이션이 되고, 무엇 때문에 형편없는 프리젠테이션이 되는지를 잘 따져본다.

연설을 듣거나 프리젠테이션에 참석할 때마다 장점과 단점을 분석한 다음 자신의 스타일을 돌아보고 필요하면 수정한다.

끈기를 가져야 한다. 금방 결과가 나타날 것이라 기대해서는 안 된다. 시간이 걸려야만 대가가 되는 법이다. 중요한 것은 누구나 자기 안에 대가가 될 수 있는 소질을 가지고 있다는 것이다.

● 스스로를 평가하라 appraise your presentation skills

자신의 프리젠테이션 기술에 대해 스스로 평가하는 것은 대단히 중요하다. 부록에 나와 있는 평가표를 이용하여 자신의 프리젠테이션에 대해 객관적인 평가를 내린다. 청중의 수가 10명이었든, 3000명이었든 그것은 중요하지 않다. 충분한 준비, 목표 설정, 리허설, 청중과의 친밀감 형성 등이 제대로 되었는지 따져본다.

자신의 프리젠테이션에서 고치고 개선해야 할 부분이 무엇인지를 알아야만 프리젠터로서 발전할 수 있다. 약점과 개선점을 파악하여 부족한 부분을 집중적으로 훈련하면 훌륭한 프리젠터가 될 수 있다.

또한, 자신의 강점을 파악하여 이를 충분히 효과적으로 이용하도록 한다. 자신감이 넘치면서 효과적이고 세련되게 메시지를 전달할 수 있도록 에너지와 시간을 집중한다.

● 배우기보다 익혀라 remember when you learned to walk

새로운 기술을 습득하거나 생전 처음 어떤 일을 하게 될 때는, 자동차로 치자면 시동이 걸리기까지 시간이 필요한 것처럼 초반에 준비 기간을 가져야 한다. 준비 기간에 들어가는 노력은 나중에 얻는 결과보다 훨씬 더 크게 마련이다. 처음 자전거 타기를 배울 때, 다이어트를 시작할 때, 또 사람들 앞에서 말하는 법을 배울 때도 마찬가지이다. 초반의 치열한 노력에 비해 결과는 쥐꼬리만하다.

대부분의 사람들은 한두 번 시도한 후 포기하고 만다. 3번 이후까지 가는 사람은 정말 드물다. 발표가 한번 잘못 되거나 불안한 느낌이 들면 대개는 겁을 먹고 물러나 버린다. 그런 다음에는 시도할 생각조차 못하게 되는 것이다.

그렇지만, 우리 모두는 결국 걸음마를 익히지 않았던가? 우리가 걸음마를 배울 수 있었던 것은 넘어지면 다시 일어나고, 또 다시 넘어지는 것을 반복했기 때문에 결국 성공한 것이다. 사랑하는 자식이 걸음마를 배우다가 몇 번 넘어졌다고 해서 걸음마를 그만두게 하는 부모가 과연 있겠는가?

어른이 가진 문제점은 실패에 대한 두려움이 너무 크기 때문에 쉽게 해보려고 하지 않는다는 것이다. 우리는 종종 남들의 시선을 의식한다. 남들의 눈에 어리석게 비칠까봐 두려워한다. 이런 이유로 많은 사람들이 훌륭한 프리젠터가 되려는 시도조차 하지 않는다. 실패할 경우, 남들의 눈에 비친 자신의 모습이 염려되어 자신의 목표를 포기하고 마는 것이다.

> 인간에게 가장 큰 영광은
> 절대로 넘어지지 않는 것이 아니라
> 넘어질 때마다 다시 일어서는 것이다.

3. 자신감과 긍정적인 마인드

● 자신감을 가져라 confidence

효과적인 프리젠테이션을 하기 위해서 자신감이 필요하다는 것은 두말할 필요도 없다. 발표자는 자신과 자신이 발표할 내용에 대해 확고한 믿음을 가져야 한다. 자신감이 프리젠테이션에 미치는 영향은 커뮤니케이션 기술이 미치는 영향보다 훨씬 더 크다.

자신감이 있는 사람만이 회사에서도 더 의욕적인 일을 맡을 수 있고, 자신에게 유리한 새로운 기회를 추구할 수도 있다. 설득력 있는 비즈니스 프리젠테이션에 필요한 자신감은 목적을 위한 수단일 뿐만 아니라 그것 자체가 목적이 될 수도 있다.

수년 동안 다양한 계층의 사람들에게 프리젠테이션에 대한 강의를 하다 발견한 사실이 하나 있다. 그것은 누구나 본인이 느끼는 것보다 더 자신만만해 보인다는 것이다. 99%의 사람들이 맨처음 프리젠테이션을 할 때 겁을 먹는다. 그러나 연습을 통해 점점 자신감과 침착함을 가지게 된다.

나는 프리젠테이션 강좌를 시작하는 첫날 수강생에 대해 자신과 상대방을 어떻게 인식하고 있나를 조사한다. 14주 동안 진행되는 강좌 중 수강생들은 매주 한 번씩 프리젠테이션을 하게 되어 있다. 강좌가 끝나는 날 다시 동일한 조사가 시행된다. 수강생은 매 프리젠테이션에 대해 나와 동료 수강생에게서 긍정적이든 부정적이든 피드백을 받는다. 여기 그 결과를 살펴보자.

발표자에 대해 인식된 자신감

	첫 번째 프리젠테이션 후	14주 후
자신감이 있어 보였다	75%	99%
자신감을 느꼈다	5%	65%
발표 직전 겁이 났다	99%	99%

● 긍정적인 마음가짐 talk to yourself

프리젠테이션을 하는 동안 자신감을 가지는 효과적인 방법 중 하나는 스스로에게 긍정적인 말을 함으로써 일종의 자기최면을 거는 것이다. 인생에서 가장 중요한 것은 스스로의 느낌이다. 무슨 생각을 하느냐에 따라 느낌이 달라지며, 어떤 느낌을 갖느냐에 따라 자신감이 달라진다. 스스로를 향해 다음에 나오는 말을 자주 하면 도움이 될 것이다.

"이것이 내 생애 최고의 프리젠테이션이 될 것이다. 이곳에 나보다 많은 지식을 가진 사람은 없다. 이들은 내가 가진 정보를 필요로 하는 사람들로서 나의 프리젠테이션으로 모두 도움을 받게 될 것이다."

다시 한 번 강조하지만 발표자에게 가장 필요한 자질은 자신감이다.

절대로 일어나지 않을 일을 가장 두려워하고

좌절에 대한 두려움 때문에 시작도 하지 못한다는 것이

너무도 이상하지 않은가?

좌절은 인생에서 가장 효과적인 약이니

기꺼이 받아들이는 것이 당연한 것.

– 나폴레옹 힐 –

프리젠테이션에서 자신감을 키우는 6가지 방법

1. 소개자가 발표자를 소개할 때는 청중을 향해 미소를 지은 후 소개
   자를 바라본다. 겸손하게 보이기 위해 고개를 숙이는 것은 좋지 않
   다. 당당한 태도를 취한다.

2. 어깨를 뒤로 젖히고 턱을 올린 자세로 서서 느린 속도로 시작하여
   점차 속도를 올린다.

3. 시작하는 말은 진솔한 것이 좋다.
   "오늘 이 자리에 불러주셔서 고맙습니다."
   "… 에 대해 여러분께 말씀드리고자 합니다."
   "… 에 대해 여러분과 의견을 나누고자 합니다."

4. 그 어떤 청중보다 자신이 프리젠테이션의 주제에 대해 더 많이 알
   고 있다는 사실에 자부심을 갖는다. 자신이 전문가라는 사실을 상
   기한다.

5. 자신이 가진 옷 중에서 가장 좋은 옷을 입는다.

6. 제일 중요한 것은 미소를 짓는 것이다. 그러면 신체도 긍정적으로
   반응한다.

4. 인생에 공짜는 없다

설득력 있고 효과적인 프리젠테이션을 하고 싶다면 결연한 의지와 엄격한 자기 훈련이 필요하며, 많은 시간을 투자해야 한다. 훌륭한 프리젠터는 모두 어려운 과정을 거쳐 태어난다. 똑같은 주제를 수십 차례, 때론 수백 번을 반복하면서 그 과정에서 수많은 실수를 저지르기도 한다. 그러나 이들은 두려움과 실패를 두려워하지 않는 자세로 실수를 통해 많은 것을 배운다.

실수를 두려워하지 않는 사람들은 빨리 배울 수 있다. 두려움으로 인해 물러나는 일이 없기 때문이다. 이들은 실패할 것을 염려하지 않는다. 불운과 당혹을 견디어 내면 훨씬 더 큰 이득을 얻는다는 것을 알기 때문이다.

훌륭한 발표자는 언제나 처음 대하는 청중 앞에서 새로운 정보를 전하고 싶은 기대감에 부풀어 있다. 이렇게 적극적인 자세로 프리젠테이션을 할 때에는 약간의 실수를 저질렀다 해도 아무도 눈치채지 못한다. 청중에게는 다만 최선을 다하는 발표자의 전문성과 성실성이 느껴질 뿐이다. 그러니 자신감에 대해 그리 염려할 필요가 없다. 누구나 자신이 생각하는 것보다 훨씬 더 많은 자신감을 이미 가지고 있다.

자신이 알고 있는 가장 훌륭한 프리젠터를 생각해 보라. 이 사람 또한 자신과 똑같은 출발점에서 시작했다는 사실을 기억하자. 최선을 다하고 항상 배우는 자세로 임한다. 성실성과 의지만 있다면 누구나 훌륭한 프리젠터가 될 수 있다.

> 인생은 대담한 모험이거나
>
> 하찮은 것이거나 둘 중 하나이다.
>
> - 헬렌 켈러 -

5. 실수를 통해 배운다

자신의 프리젠테이션 스타일에 이 책에 나오는 실질적인 기술을 합치면 최고의 결과를 얻을 수 있다. 그러나 그렇게 되기까지는 많은 시간이 소요되므로 현실적인 기대치를 설정하는 것이 바람직하다.

프리젠테이션에서는 사소한 것까지 다 올바르게 하려고 노력하는 것보다 올바른 필수 사항에 초점을 맞추는 것이 훨씬 더 효과적이다. 프리젠테이션의 5대 필수 요소 즉 말, 보디 랭귀지, 시청각 도구, 환경, 준비에 노력을 집중하는 것이 중요하다.

규모가 크건 작건 간에 프리젠테이션을 할 수 있는 기회를 한번 생각해 보자. 직원 회의, 학회 및 협회 회의, 클럽 모임, 이사회, 전시회, 결혼식 및 각종 기념일의 피로연 등 크고 작은 기회들이 많이 있을 것이다. 이런 기회가 생길 때마다 자진하여 남 앞에 서서 발표하는 습관을 가지는 것이 필요하다. 여러 사람들 앞에서 다만 몇 마디 말이라도 할 수 있는 기회를 절대로 놓치지 않아야 한다. 이런 상황에서 자신이 어떤 태도를 취할지를 상상하는 것도 도움이 된다. 머뭇거리거나 심지어는 공포심을 느낄 수도 있을 것이다. 이런 부정적인 태도를 과감하게 벗어 던지고 새로운 도전 앞에서 자신감과 열의를 갖자.

● 자신의 프리젠테이션을 긍정적으로 생각하라
be positive about presenting

이 책을 읽고 있다는 것은 이미 프리젠테이션에 대해 긍정적인 태도를 갖고 있음을 의미한다. 바로 이 같은 적극적인 태도를 말하는 데에도 적용하면 된다. 긍정적인 마음가짐과 다양한 커뮤니케이션 도구를 이용하여 여태까지 했던 것보다 더 훌륭한 프리젠테이션을 준비하자.

열정과 인내, 그리고 적극성. 파워 프리젠테이션의 기술은 프리젠테이션에만 그치지 않고 직장 및 사회생활, 그리고 은퇴 후의 생활에도 도움을 줄 것이다.

프리젠테이션을 시작할 때나 도중에 청중에 대해 미안하다는 말을 하는 것은 바람직하지 않다. "여러분의 시간을 뺏게 되어 미안하다", "통계를 많이 인용하게 되어 내용이 지루해져서 미안하다" 등의 말은 하지 않는 것이 좋다. 훌륭한 발표자는 자신의 프리젠테이션에 자부심을 갖는다.

3

파워 프리젠테이션의 첫째 요소 :

말

" 자신이 할 수 있는 것, 또 할 수 있다고 꿈꾸는 것은
그것이 무엇이든 시작하라.
대담함에는 천재성, 힘, 그리고 마법이 깃들어 있다.

– 괴테 – "

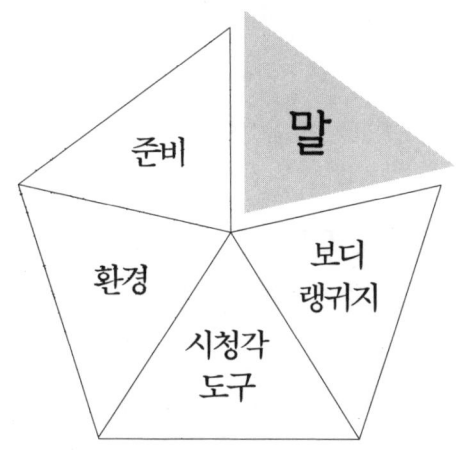

프리젠테이션에서 내용은 물론 중요하다. 그러나 내용이 전부는 아니다. 내용을 전달하는 방법에 따라 청중의 이해 여부와 이해 정도가 결정되며, 이에 따라 커뮤니케이션의 효과가 판가름난다. 만약 청중이 발표의 요지를 파악하지 못했다면 성공적인 프리젠테이션이라고 할 수 없다.

잘못된 전달 방법 때문에 전달하고자 하는 내용이 왜곡되는 경우가 종종 있다. 주제가 전부는 아니다. 정말로 중요한 것은 주제를 전달하는 방법이다. 물론 예외도 있다. 정말 형편없는 전달 방법에도 불구하고 더없이 성공적인 프리젠테이션이 되는 경우도 있다. 20% 월급인상에 덧붙여 2주 특별휴가를 직원들에게 발표한다고 가정해 보자. 발표 방법이 어떻든 청중은 전혀 개의치 않고 발표자에게 환호성을 올릴 것이다. 이 경우에서 보듯 어떤 메시지는 그 자체로도 충분한 힘을 가지고 있다. 그러나 대부분의 경우에는 전달하는 방법에 따라 청중의 이해도와 수용도가 결정된다.

또한 발표자는 자신의 메시지에 대해 진정한 믿음을 가져야 한다. 그렇지 않을 경우, 발표자가 자신의 메시지를 믿지 않는다는 것이 금방 드러나고 만다. 본사에서 일일 근무시간을 30분 연장하기로 결정했다고 가정해 보자. 발표자 자신은 이 결정에 동의하지 않으면서 이를 직원에게 발표해야 한다면 어떻게 할 것인가? 발표하지 않거나, 본사 결정에 동의하기로 마음을 바꾸거나, 아니면 회사를 그만두거나, 셋 중의 하나를 택해야 할 것이다. 즉, 앞에서 주동하거나, 남들이 하는 대로 따라가거나, 그 자리를 모면하는 것 중 하나를 택해야 한다. 주제에 대해 완전한 확신과 믿음이 생긴 후에 발표하는 것이 정석이다.

1. 프리젠테이션에는 목적이 있다

프리젠테이션에서 전달하려는 메시지가 무엇인가? 청중에게 발표하는 목적이 무엇인가? 자신이 가진 어떤 경험과 지식을 통해 청중에게 도움을 주려고 하는가?

효과적인 프리젠테이션을 위해 발표자는 주제와 함께 스스로를 청중에게 내놓아야 한다. 프리젠터로서 성공하려면 듣는 사람의 관심 사항을 가능한 한 구체적이고 직접적으로 공략하는 방법을 개발해야 한다.

모든 프리젠테이션이 참가자에게 도움이 되는 것처럼 보이는 것은 아니며 때로는 위협적인 경우도 있을 수 있다. 기업일 경우, 참석자 개개인의 이익보다는 회사에 더 중요한 내용을 발표해야 하는 때가 있다.

때로 인생에는 하고 싶은 일과 해야 하는 일이 다른 경우가 있다. 사람들이 전혀 들으려고 하지 않는 내용을 설명해야만 하는 경우도 있을 것이다. 이런 때에도 듣는 사람들에게 무언가 도움을 줄 수 있다면 최고의 프리젠터라고 할 수 있다. 분명히 쉬운 일은 아니지만 절대로 불가능한 일도 아니다.

프리젠테이션은 다음 4가지 중 하나 이상을 목적으로 한다.
- 정보 제공 to inform,
- 즐거움을 주기 to entertain,
- 마음을 움직이기 to touch the emotions,
- 행동을 이끌어 내기 to move to action

훌륭한 프리젠테이션은 위의 4가시 목표를 모두 수행할 수도 있다. TV를 시청할 때에도 그 프로그램이 어떤 목적을 만족시켜 주는지를 살펴볼 수 있다.

프리젠테이션은 커뮤니케이션의 4가지 목적 즉, 정보 제공, 청중에게 즐거움을 주거나 감동시키는 일, 또는 행동을 이끌어 내는 것 중 적어도 하나를 목적으로 삼고 있어야 한다. TV는 보통 즐거움을 주는 것에 초점이 맞추어져 있다. 이 4가지 목적 중 어느 하나와도 관련이 없는 프리젠테이션을 준비한다면, 그것은 공연한 시간 낭비일 뿐이다.

● 정보 제공을 위한 프리젠테이션 to inform

프리젠테이션의 가장 일반적인 목적이 바로 정보 제공으로, 발표자가 가지고 있는 지식을 청중에게 나누어주는 것이다. 이때 제공되는 지식은 재미있고 유익한 것이어야 한다. 명심해야 할 것은 청중이 필요로 하는 정보만을 전달해야 한다는 것이다.

청중과 관계없는 내용을 설명하느라 시간을 낭비하지 않아야 한다. 너무 많은 정보를 주는 것 또한 치명적이다. 사람들이 흡수할 수 있는 정보의 양은 제한되어 있다. 너무 많은 정보에 질릴 경우, 청중은 프리젠테이션에 흥미를 잃게 된다.

특정 내용을 지나치게 강조한 나머지 다른 내용을 발표하지 못하는 일이 생기지 않도록 주의한다. 가장 필수적인 내용을 결정한 다음, 소소한 사항은 지나간다. 관심이 있는 청중은 구체적인 내용에 대해 나중에 질문하게 될 것이다.

그러나 프리젠테이션 과정에서 정보를 충분히 제공하지 않으면, 청중은 발표자의 신뢰도와 자신감에 의심을 품게 된다. 그렇게 되면 청중은 발표자가 원하는 대로 움직이지 않는다. 발표자가 충분한 정보를 가지고 있다고 생각할 때에만 청중은 긍정적언 반응을 보인다.

● 즐거움을 주기 위한 프리젠테이션 to entertain

남을 즐겁게 만드는 것은 어려운 일이다. 프리젠테이션에서는 되도록 농담을 삼가는 것이 좋다. 발표자가 아무리 조심한다 해도 마음을 다치는 참석자가 나타나는 경우가 많기 때문이다. 또한 농담이 매끄럽게 전달되지 못하거나 급소를 찌르는 대목이 완벽하지 못하면 발표자가 민망해지는 사태가 발생한다. 농담에서 중요한 부분을 빠뜨려 의미가 통하지 않으면 아무도 웃지 않을 테고 발표자는 난처해지게 마련이다.

프리젠테이션과 아무런 관계가 없는 농담이나 이야기를 전개하는 사람들이 종종 있다. 유머에 특별한 재주가 있는 발표자라면 프리젠테이션을 시작할 때 이를 재치있게 활용할 수 있다. 그러나 아무리 재미있는 유머라도 지나치게 사용하면 청중의 시간을 낭비하는 것이 된다. 유머는 프리젠테이션 주제와 직접적으로 연관되는 것이어야 한다.

가장 효과적이면서 안전한 유머는 발표자 개인의 경험에서 나온 이야기니 일화이다. 스스로 자신을 웃음거리로 만드는 것이므로 청중이 웃건 웃지 않건 문제될 것이 없다. 또한, 스스로의 경험에서 나온 이야기이기 때문에 잘못 말할 염려도 없다. 자세한 사항을 조금 잊었다 해도 아무도 눈치채지 못할 것이다.

개인적인 경험담과 유머가 섞인 실패담은 청중을 사로잡을 수 있다. 발표자 스스로 자신의 어리석음을 밝히면 청중은 발표자를 가깝게 느끼게 되고, 발표자의 잘못과 실패에 대해 마음놓고 웃게 된다. 자신에게 이런 경험이 없다면 주변 친지나 친구에게서 실패담을 구할 수도 있을 것이다.

유머를 말할 때에는 속도 조절이 필요하다. 청중이 유머의 급소를 소화할 수 있도록 적절한 순간에 말을 멈추어야 한다. 청중이 제때에 웃지 않으면 다음 내용으로 넘어가는 데도 지장을 받게 된다.

여러 개의 농담을 쉬지 않고 연이어 하는 것은 좋지 않다. 청중이 유머의 급소를 제대로 듣지 못하기 때문에 아무리 재능 있는 이야기꾼이라고 해도 실패하기 쉽다. 우스운 일화를 말할 때에는 이미 수백 번 이상 반복하여 본인은 전혀 재미를 못 느낀다 하더라도 발표자 자신이 먼저 웃는 것이 좋다. 발표자의 웃음은 청중의 반응을 유도한다. 말하는 측에서 긴장을 풀어주기 전까지는 대부분의 사람들은 수동적인 반응을 보인다.

웃을 수 있는 시간을 충분히 주는 것 또한 중요하다. 그렇지 않으면 웃음 때문에 다음 내용이 들리지 않게 될 수도 있다. 발표자 스스로 자신의 메시지에 명확하고 확실한 반응을 보여야 청중도 따라서 반응을 보인다. 발표자가 웃으면 청중 또한 웃는다.

청중을 즐겁게 할 때에도 건설적인 목표가 있어야 한다. 농담을 하고 웃음을 이끌어 내는 것은 재미있지만 만약 구체적인 결과가 없다면 시간낭비일 뿐이다. 실질적인 내용을 곁들여 청중에게 도움이 되도록 한다.

프리젠테이션이 시작된 후 처음 5~7분 동안 유머로 활기를 돋우는 것이 바람직하다. 청중이 관심을 가지고 있는 분야와 관련된 재미있는 개인적인 경험담으로 시작하여 본격적인 프리젠테이션으로 들어가면 효과적이다.

● 마음을 움직이기 위한 프리젠테이션 to touch the emotions

청중의 마음을 움직이기 위한 프리젠테이션도 있다. 때로는 청중을 울리기도 하고 감동에 겨워 목이 메이게 만들기도 한다. 청중을 울리고 싶다면 발표자도 울어야 한다. 발표자 자신의 감정을 진실되게 전달하면 청중은 이에 반응하여 발표자와 똑같이 느끼게 된다. 발표자가 감정이 복받쳐서 말이 막힐 지경이 되면, 청중도 그렇게 된다.

그러나 발표자가 너무 감정에 치우치는 것은 위험하다. 만약 발표자에게 개인적으로 좋지 않은 일이 일어났다면 적어도 12~18개월이 지난 후에 이야기하는 것이 좋다. 이 정도의 시간이 지나야만 그 일을 회상할 때 자신의 감정을 통제할 수 있기 때문이다.

전문적인 발표자는 정확한 타이밍 조절을 위해 몇 시간이고 연습한다. 이와 같이 사전 준비는 매우 중요하다.

웃음이든 울음이든 발표자는 이를 미리 계획해야 한다. 시작할 때는 유머를 사용하고, 중간 부분에서 감정을 움직이는 것이 바람직하다.

프리젠테이션 전반부는 청중을 준비시키는 시간이다. 가벼운 이야기로 시작해서 점차 심각하고 개인적인 이야기로 옮아간다.

발표자가 한 말에 대해 청중이 기분좋게 느끼도록 한다. 긍정적인 내용으로 프리젠테이션의 끝을 장식하는 것이 좋다. 훌륭한 프리젠테이션은 참석자로 하여금 기분이 좋아지게 만든다. 사람들은 스스로에 대해, 선량하고 자신의 삶을 통제할 수 있으며 인생의 도전에 대처할 수 있다는 확신을 갖길 원한다.

신뢰할 수 있는 발표자는 청중을 무기력하고 절망적인 기분이 들게 만들지 않는다. 청중을 우울하게 만들어서도 안 된다. 어떤 문제에 대해서 비판할 때에는 반드시 건설적인 해결책을 제시하여야 하며, 상황을 개선할 수 있는 아이디어를 제공하는 것이 중요하다.

● 행동을 이끌어 내는 프리젠테이션 to move to action

대부분의 비즈니스 프리젠테이션은 청중에게 행동을 하도록 설득하는 것이다. 프리젠테이션 메시지를 준비할 때에는 자신의 프리젠테이션을 들은 후 청중이 어떤 행동을 하길 바라는지, 가장 중요한 행동사항에 대해 초점을 맞춘다. 예를 들면, 직원들로 하여금 새로운 회사 이념을 받아들이도록 할 수도 있고, 청중이 자사의 상품이나 서비스를 구입하는 것일 수도 있다. 또 프리젠테이션 세미나에 대한 예산 승인이나 프로젝트 안에 대한 위원회의 승인이 될 수도 있다. 프리젠테이션을 통해 인사위원회에서 자신의 승진을 결정하게 할 수도 있다.

프리젠테이션을 끝내면서 청중에게 요청할 행동사항을 질문의 형태로 기록하면 효과적이다. 질문은 구체적이고 직접적이어야 하며, 청중의 참여와 약속을 요청하는 것이어야 한다. 예를 들면:

"우리 회사의 서비스 개선을 위해 한 가지 해야 할 일이 있다면 무엇입니까? 이 설문지를 작성하여 금요일까지 제게 제출해 주십시오."

"가장 중요한 10개 고객사에 전화하여 우리 제품의 개선을 위해 우리가 해야 할 일이 무엇인지 알아보십시오. 그런 다음 거기에서 나온 답을 비교하여 새로운 전략을 세워봅시다."

"간부 직원들이 프리젠테이션을 더 잘할 수 있다면 돈도 절약되고 일도 빨리 진전될 것입니다. 프리젠테이션에 대한 세미나를 개최하도록 합시다."

프리젠테이션이 "훈장조", 혹은 "설교조"가 될 수 있는 유일한 시간이 바로 청중의 행동을 요청할 때이다. 청중의 반응을 구체적으로 요구하지 않으면 이들은 발표자의 목적이 무엇인지 의아해 한다. 앞으로 청중이 해야 할 행동이 무엇인지를 정확하게 말해 주어야 한다. 그렇지 않으면 청중은 발표자가 말한 내용을 전부 잊게 되고 결국 아무런 변화도 일어나지 않게 된다.

2. 청중이 쓰는 말을 사용한다

프리젠테이션에서는 참석한 특정 그룹에 알맞은 어휘를 사용하는 것이 무엇보다 중요하다. 수수, 은행원, 회계사를 상대로 기업 매각에 내한 프리젠테이션을 할 때 사용하는 어휘와 마케팅부서 직원을 위한 전략적 판매기법 프리젠테이션에 사용하는 어휘가 똑같아서는 안 된다.

프리젠테이션에 참가하는 그룹은 각기 다른 용어와 표현, 유머감각을 가지고 있으므로 발표자는 각각의 어휘에 익숙해져야 한다. 그렇지 못할 경우, 청중의 신뢰를 얻기 어렵다.

프리젠터는 또한 단어의 의미에 주의해야 한다. 문맥에 따라 의미가 달라지는 단어가 있다. 똑같은 표현어라도 구체적인 것이 있고 추상적인 것이 있다. 사용하는 방법에 따라 의미가 달라지는 말도 있다. 청중이 익히 알고 있는 의미로 사용하는 것이 좋다. 필요한 경우에는 발표자가 생각하는 정의를 설명해도 무방하다.

예를 들어, "정치"라는 용어가 정당 간의 국가 통치작업을 가리킬 수도 있고, 기업 내에서 직원 및 부서간의 힘 겨루기를 지칭할 수도 있다.

"가치"는 기업의 목표일 수도 있고, 개인의 특별한 신조일 수도 있다.

판매에 관한 프리젠테이션에서 가격이 "싸다", "비싸지 않다" 또는 "알맞다"라고 하는 것에는 엄청난 차이가 있다. 직업과 분야에 따라 완곡한 표현 또한 달라지는 법이다. 판매사원을 단순히 "판매원"이라 하지 않고 "고객담당" "고객관리직" "제품관리직" 심지어는 "기술 컨설턴트"라는 부르는 것이 바로 그 예이다.

인력알선업체는 스스로 "이그제큐티브 서치 컨설턴트(executive search consultant 고급인력알선 컨설턴트)", "휴먼 리소스 컨설턴트(human resource consultant 인력자원 컨설턴트)" 혹은 "헤드헌터(head hunter)"로 지칭하고 있다. 전문용어나 특수용어는 반드시 적절한 그룹에게만 사용해야 한다.

> 분위기가 맞으면 무슨 말이든 할 수 있으나,
> 분위기가 맞지 않으면 아무 말도 할 수 없다.
> 알맞은 분위기의 조성이 가장 까다로운 일이다.
> - 조지 버나드 쇼 -

청중이 단어를 듣고 이미지를 떠올릴 수 있도록 선명하고 생생한 단어를 사용하는 것이 바람직하다. "구조조정", "기업문화", "매출액 개선" 등과 같이 추상적인 개념보다는 "실직", "공장 폐쇄," "이윤 증대"

등 보다 명료한 단어를 사용하자. 일상생활에서 쓰는 말 중에서 더 직접적이고 구체적인 말로 바꿀 수 있는 막연한 표현이 있는지 살펴보는 것도 도움이 된다. "부서 예산 합리화"를 "경비를 줄이자"는 뜻으로 단번에 이해할 사람이 과연 몇이나 있겠는가?

● 바른 어휘 right vocabulary

어느 나라 말이든 몇백 개의 단어만 알고 있다면 아무런 지장 없이 사람들과 의사를 소통할 수 있다고 한다. 물론 똑똑해 보이지는 않겠지만 어쨌든 살아갈 수는 있다. "돈이 많고, 그 나라 말 몇 마디만 알고 있으면 어느 곳을 여행하든지 멋진 시간을 보낼 수 있나"는 말이 있다. 맞는 말이다.

영어에는 75만 개가 넘는 단어가 있다. 사용하는 것은 고사하고 다 배우기도 벅찬 숫자이다. 고등학생은 이중에서 대략 2천 단어를, 대학생은 5천 단어 정도를 구사한다. 보통의 일반인이 일상 생활에서 사용하는 언어는 대략 천 개 정도이다.

청중 앞에서 자신감을 느끼고 조리 있게 자신의 견해를 발표할 수 있으려면 발표자는 물론 많은 어휘를 알고 있어야 한다. 그러나 복잡한 기술용어나 자세한 전문어를 사용한다고 해서 언제나 유리한 것만은 아니다.

> 나는 단어로 생각하는 일이 거의 없다.
>
> – 앨버트 아인슈타인

● 익숙한 말투는 친밀감과 신뢰감을 형성한다
familiar language builds rapport and trust

전문적인 프리젠터로서 호평과 신뢰를 받을 수 있는 열쇠는 청중과 똑같이 보이고, 말하고, 또 행동하는 것이다. 이렇게 할 때 청중은 발표자에 대해 친밀감과 신뢰감을 갖게 된다. 발표자가 친숙한 단어와 개념을 사용할 때 사람들은 더 많은 관심을 가지고 경청하며 발표자의 사고방식을 더 쉽게 수용하게 된다. 특히, 논란의 여지가 많은 주제를 다룰 때에는 참가자에게 익숙한 어휘를 사용하는 것이 더욱 중요하다.

- 불필요한 거리감을 조장하는 어휘를 사용하지 말 것.
- 청중이 좋아할 것이라는 확신이 없는 한, 복잡한 단어, 외국어, 모호한 인용문을 사용하지 말 것. 이는 청중을 무시하는 태도로 비쳐진다.
- 주제에 대한 지식과 전문 용어를 너무 과시하여 건방진 느낌을 주지 말 것. 청중이 이해할 수 있는 말로 전달해야 한다.

전문 집단, 또는 학문적인 그룹을 대상으로 프리젠테이션을 할 때에는 이들이 사용하는 정확한 전문용어를 사용해야 한다. 프리젠테이션이 너무 심각해지는 경향이 있으면 다채로운 말로 분위기를 띄우는 것도 좋다. 프리젠테이션의 목적은 청중의 이해로서, 일단 청중이 발표자에 대해 긍정적인 마음을 갖게 되면 이해는 좀 더 쉽게 이루어진다.

● 짧은 단어와 어구를 사용하라 use shorter words and phrases

우리가 사용하는 말 중에서 강한 느낌을 주는 말은 대체로 짧다. 예를 들면, 사랑, 전쟁, 섹스, 음식, 미움, 재미, 돈, 힘 등이다. 숨을 쉬기 위해 중간에 멈추어야 될 정도로 긴 문장은 쉽게 이해할 수 없다. 긴 문장이나 구는 짧게 만드는 것이 좋다. 일부 딘이를 삭제하면 더욱 뜻이 명확해지는 경우도 있다. 그 단어 때문에 전달하려는 내용이 더 모호해지는지, 선명해지는지를 늘 확인한다. 매일 쓰는 상용문에서 이런 연습을 하다 보면, 말을 할 때 쓸데없는 단어를 자동적으로 뺄 수 있게 된다.

● 청중의 관심 사항을 파악한다 what's in it for me?

여론을 조성하거나 결정을 내릴 때 우리는 새로운 정보를 참고하게 된다. 대개의 경우, 일단은 자신의 관심 사항에 따라 정보를 챙긴다. 이때 각 정보 안에 자신에게 도움이 되는 것이 들어있는지를 따지게 된다. 바로 이 "안에 들어있는 것"을 청중에게 제대로 전달하는 사람이 성공적인 프리젠터로서 기회를 놓치지 않고 청중에게 도움이 되는 것을 제시하여 주는 것이다.

효과적인 프리젠테이션에서 필요한 것은 발표자의 열성과 확실한 목표, 그리고 청중의 관심을 파악하는 일이다. 발표자는 청중과 자신을 진실하게 연관시켜야 한다. 실제로는 그렇지 않으면서 청중과 공통점이 있는 척할 경우에는 금방 들통이 나고 말 것이다.

> 말하는 권리는 거저 얻어지는 것이 아니다.
>
> - 데일 카네기 -

3. 청중에 따라 주제를 선택한다

너무 길게 끄는 프리젠테이션을 좋아하는 사람은 아무도 없다.

발표할 내용의 길이를 감안하여 자료를 충분히 갖추되 너무 많은 정보를 주지 않도록 주의한다. 너무 많은 정보는 청중의 관심을 흐트러뜨린다. 메시지는 가능한 한 간단한 것이 최선이다. 주제를 여러 번 반복하되 다른 방법으로 설명해주는 것이 좋다.

청중의 관심사를 고려하여 주제를 결정한 후에는 프리젠테이션에서 다룰 내용을 준비해야 한다. 청중에 따라 주제를 다르게 정한다. 같은 직종의 전문가 집단이라면 이들이 궁금하게 여기는 사항을 정확하게 짚어주어야 한다. 여러 계층의 사람들이 섞인 집단에서는 광범위한 주제를 선택한다. 일부 참석자가 기본 사항을 잘 모를 때에는 이에 대한 설명이 필수적이다. 같은 내용의 프리젠테이션을 여러 집단을 상대로 하게 될 경우에는 될수록 일반적인 내용을 다룬다. 필요할 때마다 특정 그룹과 상황에 맞추어 내용을 조정하면 된다.

　주제에 대해 전문가적 식견을 가지고 있어야 청중에게 관계되는 자료를 확실히 짚어줄 수 있다. 30분에서 60분 간의 프리젠테이션에서 청중이 발표 내용을 쉽게 소화할 수 있도록 정보를 소단위로 묶어 구성하고 요약해야 한다. 이때 "적을수록 효과가 크다"는 것을 염두에 둔다.

　프리젠터는 주제에 열의를 갖고 완벽한 지식을 갖추어야 한다. 그래야만 스스로 자신감을 느끼게 되고, 어떤 질문을 받아도 난처해하지 않고 답해줄 수 있다. 동료, 다른 간부와 임원들이 같은 주제에 대해 이야기할 때 관심을 기울이고 듣는다. 신문, 잡지, 전문지, 또는 단체에서 발간하는 간행물에도 관심을 가져 새로운 아이디어를 구한다. 도움이 되는 것은 무엇이든 놓치지 않도록 하자.

> 프리젠테이션에서 말을 반으로 줄이면
> 효과는 두 배로 증가한다.

4. 자료의 구성이 중요하다

발표를 위해 충분한 자료를 구하는 것은 그다지 어려운 일이 아니다. 문제는 이 자료들을 적절히 구성하는 것이다. 같은 주제를 수없이 많은 관점으로 전개할 수 있다. 이런 수많은 관점 중에서 단 하나가 특정 그룹에 딱 맞아떨어지는 것이다.

> 프리젠테이션이 실패하는 이유는
> 완벽한 내용을 준비하는 데에 너무 많은 시간을 보내
> 실제 전달 방법을 연습할 시간이 없었기 때문이다.

● 아이디어 파일 have an idea file

일단 주제가 확정되면 주제에 대한 철저한 연구가 뒤따라야 한다. 아이디어 파일을 마련하면 프리젠테이션 준비에 많은 도움이 된다. 파일마다 주제를 정하여 관련된 신문기사, 인용문, 잡지기사 등을 보관한다. 여러 주제에 대해 프리젠테이션을 하는 발표자라면 보다 효과적인 파일 시스템을 개발하여 적절히 아이디어를 분류해야 한다.

발표자는 프리젠테이션 주제에 관한 한 권위자가 되어야 한다. 참석자보다 적어도 10배는 더 많이 알고 있어야 참석자의 눈에 전문가로

보일 수 있다.

개인적인 경험담은 발표자의 독창성을 보여줄 수 있다. 발표 도중 실수를 하는 경우에도 대비한다. 이런 때, 자신의 실수담을 인용하여 인생이란 수업에서 배운 것을 이야기하면 청중은 감동할 것이다. 어리석은 짓으로 웃음거리가 되었던 기억 중에서 웃으면서 되살릴 수 있는 것을 발표한다. 이런 뼈아픈 경험담을 진솔하게 이야기하면 청중은 발표자의 성실성을 높이 사게 된다. 독서카드나 메모용으로 사용하는 소형 카드를 준비하여 기억이 떠오를 때마다 경험담을 기록하여 아이디어 파일에 보관한다.

● 제목 달기 develop a cathy title

좋은 제목을 선택하면 프리젠테이션 준비과정에서 발표자의 집중력이 높아지기도 하거니와 청중의 관심을 유발하기도 쉽다. 짧고, 눈에 그리듯 생생하고, 발음하기도 쉬우면서, 독창적이고, 기억하기 쉬운 한눈에 쏙 들어오는 제목을 생각해 낸다.

좋은 제목을 만드는 방법 중 하나는 프리젠테이션의 목표를 적은 다음에 덜 중요한 단어를 하나씩 지워버리는 것이다. 이렇게 하다 보면 독창적이면서 효과적인 제목을 얻을 수 있다.

또, 여러 개의 대안을 준비하여 다른 사람의 의견을 들어보는 것도 좋은 방법이다. 호기심을 일으키고, 재미있고, 모든 사람이 좋아할 수 있는 제목이 될 때까지 계속 수정한다.

● 프리젠테이션 개요를 위한 매핑 mapping your presentation outline

프리젠테이션의 흐름에 가닥을 잡으려 할 때에는 발표자가 가지고 있는 자료가 서로 어떻게 연관되어 있는지 지도를 그려나가듯 정리해 나간다. 처음 프리젠테이션을 하거나, 주제가 익숙하지 않을 때에는 발표하려는 내용의 개요가 금방 명확하게 떠오르지 않을 것이다.

이때 매핑(mapping)을 이용하면 필수 요소와 부차적인 요소가 무엇인지를 쉽게 확인할 수 있다. 매핑은 다음과 같은 순서로 하면 된다.

1. 먼저 백지 한 가운데에 제목을 적는다.
2. 제목과 연관되어 우선 떠오르는 주요 단어를 적는다. 각 단어와 가운데에 있는 제목을 선으로 잇는다.
3. 새로운 단어가 떠오를 때마다 그것과 관련되는 주요 단어를 적어 나간다. 가능한 한 많은 단어를 생각해 낸다.
4. 빠진 단어가 없도록 하려면 주요 단어가 많을수록 좋다.

매핑을 이용하면 추상적이고 복잡한 주제와 이것과 관련된 개념의 관계가 확실하게 드러난다. 또, 발표 내용의 길이를 쉽게 조절할 수 있다. 내용이 많을 때에는 덜 중요한 것을 삭제하면 된다.

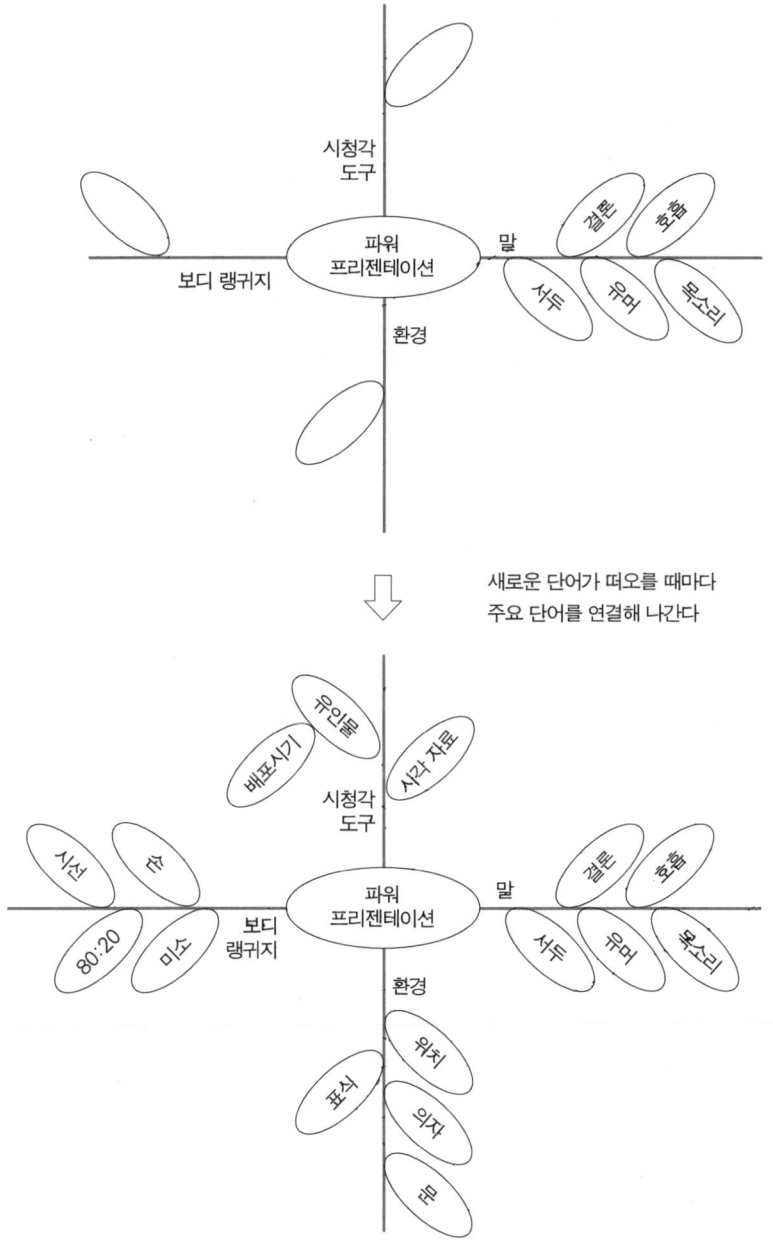

새로운 단어가 떠오를 때마다
주요 단어를 연결해 나간다

● 메모 카드를 이용하여 말의 가닥을 잡는다
use small note cards organize your speech

메모 카드에 프리젠테이션 주제에 관련된 모든 아이디어를 적는다. 카드 한 장에 아이디어 하나씩 적는다.

그 다음, 프리젠테이션의 흐름에 따라 카드를 배열한다. 배열 순서를 바꾸어 가면서 메시지의 요점이 가장 효과적으로 드러나도록 한다. 만족스런 배열이 되면 중요한 순서대로 카드에 번호를 매긴다.

● 요지는 3개에서 7개까지
the right structure: have three to seven points

프리젠테이션의 구조는 간단하면 간단할수록 좋다. 요지가 너무 많으면 훌륭한 프리젠테이션이 되기 어렵다. 가능한 한 3개 정도로 하고, 특별히 긴 프리젠테이션일 경우에는 7개까지 정한다. 그 이상은 참석자가 기억할 수 없기 때문이다.

가장 간단하고 보편적인 개념에서 시작하여 구체적이고 복잡한 개념으로 진행한다. 점차적으로 진행해야 청중이 도중에 관심을 잃게 되지 않는다.

발표자와 참가자 양쪽 모두가 쉽게 기억할 수 있는 구조를 개발한다. 예를 들면 "우리 회사의 5대 시장", "성공하는 사람의 7가지 습관", "시간관리의 6가지 요소", "판매증진의 3대 원칙" 등이다.

프리젠테이션의 내용은 과거, 현재, 미래 등 연대순으로 전개할 수 있다. 또, 공간적으로 근접해 있는 것끼리 묶을 수도 있다. 사과, 오렌지, 바나나 등과 같이 서로 다른 종류의 내용을 배열하는 경우도 있고, 중요도에 따라 첫째, 둘째, 셋째 등 순차적으로 전개하기도 한다.

프리젠테이션의 구성에 어느 것이 옳다는 것은 없다. 하지만 어떤 구성 방법을 선택하든 하나를 정하지 않으면 내용 전체에 두서가 없어진다.

프리젠테이션 내용 구성에는 옳고 그른 것이 없으므로 최선의 구성 방법을 찾기 위해 많은 시간을 보내는 것은 바람직하지 않다. 적당한 구성 방법을 빨리 결정한 후 전달 방법의 연습에 집중하는 것이 훨씬 더 효과적이다.

내용 구성에는 한 가지 방법만 있는 것이 아니므로, 꼭 필요한 경우에는 준비과정에서 구성을 변경할 수도 있다. 그러나 되도록 한 가지 방법을 확정하여 준비과정으로 넘어가는 것이 바람직하다.

프리젠테이션의 구성방법

- 연대 / 역사순: 과거, 현재, 미래

- 순차: 첫째, 둘째, 셋째

- 공간: 동, 서, 남, 북

- 범주: 오렌지, 사과, 바나나, 파인애플; 세모, 원, 네모, 직사각형; 고객, 간부, 종업원, 판매사원

- 양극단의 비교 및 대조: 부정 대 긍정; "경영진" 대 "노조"

- 계층: 고위, 중간, 하위

- 옵션 검토: 옵션1, 옵션2, 옵션3, 추천

- 범위확대: 개인, 이웃, 사회

● 80 : 20의 법칙 the 80/20 rule

프리젠테이션의 준비에 있어서 내용을 만드는 데 준비 기간의 20% 를 사용하고, 전달 방법을 연습하는 데 80%를 사용하는 것이 바람직 하다. 반대로 생각하는 사람이 많겠지만, 그렇지 않다. 대부분의 경우 발표자는 프리젠테이션의 주제에 대해서 이미 전문가적 식견을 가지 고 있으므로 개요와 요지는 손쉽게 준비할 수 있기 때문이다.

자신감 있고 전문적인 프리젠테이션 스타일을 습득하기 위해서는 전달 방법을 연습하는 데 많은 노력을 기울여야 한다. 내용을 준비하 느라 너무 많은 시간을 보내지 않도록 주의한다. 무엇을 말할 것인가 보다는 어떻게 말할 것인가에 대해 더 많이 집중해야 한다. 그러나 프 리젠테이션의 주제를 잘 모르는 경우에는 내용을 준비하는 시간을 늘 려 잡아야 할 것이다.

5. 원고를 준비한다

이제 프리젠테이션의 목적도 나왔고, 각종 정보, 통계와 개인적인 경험담까지 수집하여 개요까지 완성된 단계가 되었다. 프리젠테이션 을 처음 하는 경우에는 원고를 준비하는 것이 좋다. 메모 카드를 사용 하지 않고 프리젠테이션을 진행하고자 할 때에도 원고를 준비하는 것 이 좋다.

원고의 작성은 자신의 정보와 이를 전달하는 스타일을 명확하게 하는 데 도움이 된다. 완전하지 못한 원고라도 괜찮다.

원고는 가능한 한 빨리 작성하고 나중에 수정하는 것이 좋다. 중요한 것은 자신이 가지고 있는 모든 정보를 기록하여 이를 분석하고 다듬는 것이다. 이름난 연설 중에는 즉흥적으로 이루어진 것이 많지만, 프리젠테이션의 경우에는 미리 자신의 생각을 준비해야 유창한 발표를 할 수 있다.

● 원고를 큰 소리로 읽으면서 연습한다
rehearse by reading your draft aloud

작성된 원고를 큰 소리로 여러 번 읽어가면서 문장을 다듬고, 거창한 단어는 단순하고 과장되지 않은 단어로 바꾸어 간다. 가장 중요한 것은 청중이 쓰는 언어를 사용하는 것이다.

돌려서 길게 말하지 말고, 될수록 간단하게 말하는 것이 좋다. 같은 말의 반복은 때로 효과적일 수도 있지만 신경에 거슬리는 경우가 더 많으니 주의한다. "나"라는 말 대신에 "우리" 또는 "여러분"을 많이 사용한다.

원고 읽는 연습을 할 때에는 보통 말하는 속도로 연습한다. 영어라면 1분에 약 145단어이다. 읽다 보면 특별히 강조해야 할 말이나 표현, 숨을 쉴 곳, 잠시 말을 멈추어야 할 곳 등이 자연히 느껴질 것이다.

그러나 실제 청중 앞에 서면 연습 때보다 말하는 속도가 빨라진다. 이때는 참가자의 반응을 보아가며 속도를 조절한다. 참석자 중에 나이든 사람들이 많으면 속도를 더 느리게 하고, 젊은 층이 많다면 조금 빠른 속도로 말해도 좋다.

● 준비된 원고를 낭독하는 경우 reading a prepared speech

프리젠테이션에서 준비된 원고를 그대로 읽는 것은 무엇보다도 피해야 할 태도이다. 그러나 때로는 원고를 사용해야 할 경우도 있다. 외국어로 프리젠테이션을 해야 하는 경우, 정확한 어휘나 자료를 요구하는 고도의 전문적 발표나 학술회의, 또는 매우 중요한 사실을 발표하는 기자회견 등이 그러한 예이다.

원고를 그대로 읽는 프리젠테이션은 지루해지기 쉽다. 발표자가 원고에 있는 단어를 정확하게 읽는 데에 집중하여 자연스런 동자이나 표정 등 보디 랭귀지를 사용할 수 없기 때문이다.

원고는 큰 서체를 사용하여 행간을 3줄 띄우기로 작성한다. 또한 복사기의 확대기능을 사용하여 원고를 키울 수도 있다. 용지는 상단 3분의 2만 사용하고 하단은 공백으로 남겨야 원고를 읽을 때 시선이 너무 아래로 처지는 것을 방지할 수 있다.

> 원고가 아니라
> 청중의 마음을 읽어야 한다.

각 문단의 첫 번째 줄만 빼고 모든 줄을 들여쓰기로 작성한다. 즉, 보통 책과 반대되는 문단 모양으로 작성하면 첫 번째 문장이 두드러지게 보일 것이다. 한 문장이나 문단이 다른 페이지로 넘어가지 않도록 한다. 문장이 끝날 때마다 마침표를 여러 개 찍는다. 그렇지 않으면 마침표와 쉼표를 혼동하기 쉽다.

각 페이지 하단에 다음 페이지에 첫 번째로 나오는 단어 다섯 개 정도를 기록하는 것이 좋다.

"백", "천", "백만" 등 우수리가 없는 숫자는 글자로 쓰고, 나머지 숫자는 1,234,864같이 숫자를 사용한다. "달러", "퍼센트", "섭씨" 등의 기호는 풀어쓰는 것이 읽기 편하다.

페이지를 넘기면서 읽는 방법은 좋지 않다. 보기에도 산만할 뿐만 아니라 청중에게 발표자가 원고를 낭독하고 있다는 사실을 더욱 일깨우게 된다. 대신 다음 페이지를 읽으면서 읽은 페이지는 옆으로 살짝 밀어놓는다. 오른쪽 상단에 페이지 숫자를 기입하는 것도 잊지 말자.

원고에는 잠시 말을 멈추어야 할 곳과 강조할 단어를 빠뜨리지 않고 표시해야 한다. 특정한 제스처나 행동이 필요한 경우와 미소를 짓거나 얼굴을 찡그려야 할 대목에도 표시한다. 또 특정 단어를 강조할 경우에는 색깔로 표시하는 방법도 있다. 시각 자료를 사용해야 하는 시점을 괄호 안에 표시하고, 청중에게 시선을 주는 시점도 표시한다.

원고를 낭독하는 프리젠테이션에서 연습과 리허설은 필수이다. 대부분의 낭독이 지겹게 느껴지는 것은 발표자의 연습이 부족하여 말을 더듬는 데다 열의와 세련미가 느껴지지 않기 때문이다. 원고 낭독은 어쩐지 엉성하게 들리게 마련이다. 원고를 큰 소리로 여러 번 읽어본 발표자는 열정과 에너지를 실어 청중의 관심을 사로잡을 수 있다.

원고 낭독의 또 다른 단점은, 특히 강연대가 없는 경우, 발표자의 불안한 모습을 청중이 여실히 느끼게 된다는 것이다. 청중은 원고를 잡고 있는 발표자의 손이 떨리는 것까지 볼 수 있다. 또한 조명이 불충분하여 원고를 읽기 어려운 경우도 생긴다. 안전을 기하기 위해 소형 플래시를 준비하면 낭패를 예방할 수 있다. 종이에 끼우는 클립형 플래시도 나와 있다.

실수로 한 문장을 두 번 읽는 수도 있다. 이렇게 되면 집중력을 잃게 되어 프리젠테이션을 망칠 수도 있으니 특별한 주의를 요한다. 예행연습을 반드시 실시하는 것이 무엇보다 중요하다. 시간이 없다는 것은 잘못된 생각이다. 발표 장소로 가는 택시 안이나, 화장실에서라도 몇 분 짬을 낼 수 있을 것이다.

능숙하지 않은 외국어로 해야하는 프리젠테이션이라면 몰라도, 아무리 경험이 없는 발표자라 하더라도 강연대에 서서 쓰여진 원고를 그대로 읽어내려 가는 것은 피해야 한다. 그러나 어쩔 수 없을 때라도 연습, 연습, 또 연습하면 된다.

"강연대 뒤로 숨지 말라"

6. 메모 카드를 사용한다

발표할 내용은 카드에다 요점만 기록하자. 메모 카드는 특히 발표 도중 내용을 잊어버렸을 때에 요긴하게 사용된다.

독서 카드나 메모 카드에 중요한 단어를 적어 놓으면 생각이 막힐 때마다 요긴하게 참조할 수 있다. 초보자뿐만 아니라 유명한 프리젠터 들도 대부분 메모 카드를 사용한다.

메모 카드는 발표자를 더욱 전문적으로 보이게 만드는 장점도 있다. 발표자가 들고 있는 카드를 보고 청중은 발표자가 충실하게 내용을 준 비하고 계획했다고 생각하게 된다. 프리젠테이션의 길이에 상관없이 메모 카드는 6~7장을 넘지 말아야 한다.

메모 카드를 이용하면 순발력이 높아지고 보디 랭귀지 또한 자유롭 게 구사할 수 있다. 경험이 많은 노련한 발표자는 카드 한 장에 모든 메모를 끝낼 수 있다. 단어 하나만 보면 그와 연관된 내용 전체가 생각 나는 것이다.

시작하는 말과 끝맺는 말은 내용 전체를 각각 카드 한 장에 기록하 는 것이 좋다. 이렇게 함으로써 기억도 쉽고 마음이 안정되어 대부분 의 경우 시작과 끝맺음을 매끄럽게 할 수 있다. 혹시 내용을 잊었을 때 에도 메모 카드를 참조하여 시작하는 말과 결론 부분을 정확하게 청중 에게 전달할 수 있다.

카드 오른쪽 상단에 반드시 페이지 번호를 기록한다. 만약 카드를 떨어뜨릴 경우 페이지 번호가 섞이면 당황하게 된다. 특히 발표 직전 에 당황하여 카드가 뒤섞이는 경우가 많다.

다른 색깔을 이용하여 특정 요점과 제스처를 강조하는 것도 좋은 방법이다. 제스처, 어조, 말의 속도를 바꾸어야 할 곳은 기호를 정하여 표시한다. 인용문, 시작하는 말, 끝맺음을 제외하고는 주요 단어만을 기록하도록 한다.

카드에 기록된 메모와 기호를 철저하게 익혀야 한다. 발표 내용을 숙지하여야만 카드를 자주 들여다보는 일이 줄어든다. 내용 중 빠뜨린 것이 없나를 확인하기 위해 슬쩍 보는 정도로 그치는 것이 바람직하다.

메모를 보면 즉시 내용이 생각나도록 연습한다. 신경질적으로 카드를 들여다보면서 말하는 것은 눈에 거슬리는 태도이다. 카드를 재빨리 훑어본 후, 청중에게 시선을 주고 미소 짓는 얼굴로 기억을 살려내는 방법을 훈련해야 한다. 카드에서 눈을 떼어 자연스럽게 청중에게로 시선을 옮기는 방법을 개발한다.

발표 장소가 넓어서 이리저리 움직이게 될 경우에는 여러 군데에 카드를 놓아 내용을 빠뜨리지 않도록 한다. 칠판을 사용하는 경우, 주요 단어가 적힌 카드를 분필 선반 위에 놓으면 카드를 보느라 움직이게 되어 보디 랭귀지가 자연스럽게 구사된다.

시간을 초과하는 것이 염려되면 시계를 보라는 표시를 한 카드를 따로 준비해도 좋다.

> # 메모 카드 사용요령
>
> - 중요한 단어만 기록한다. 적을수록 더 효과적이다.
> - 시작하는 말과 끝맺는 말은 내용 전체를 각각 다른 카드에 기록한다.
> - 오른쪽 상단에 번호를 매긴다.
> - 영어의 경우 대소문자를 사용한다.
> - 색깔이나 기호를 이용하여 시각 자료, 보디 랭귀지 등을 표시한다.
> - 프리젠테이션 당 7장 미만의 카드가 적당하다.

● 일시적 기억상실 brownouts

어? 내가 어디까지 말했지? 상대방에게 말하면서 어디까지 말했는지 순간적으로 잊어버려 멍해진 경험은 누구에게나 있게 마련이다. 이런 일시적 기억상실은 자연스런 일로 받아들여야 한다.

일시적인 기억상실을 최소화하는 방법은 사전에 충분히 준비하고, 많은 사항보다는 중요한 골자 몇 개를 철저히 숙지하는 것이다. 중요한 요점이 머리에 박히면 세부내용은 자동적으로 이어지게 된다.

그러나 준비를 철저히 했음에도 불구하고 갑자기 어디까지 말했는지 잊는다거나 다음 내용이 무엇인지 생각나지 않을 때가 있다. 이때는 침착한 것이 제일이다.

경험이 적은 발표자는 내용이 전혀 생각나지 않는다는 사실을 갑자기 깨닫고 당황하여 이상한 행동을 하기 시작한다. 즉, 입술을 깨물고, 고개를 숙이며 수세에 몰린 표정이 된다. 청중은 이런 태도를 보고 발표자가 내용을 잊어버렸다는 사실을 눈치채게 된다.

이런 경우, 노련한 발표자는 얼굴에 미소를 지으며 메모 카드에 눈길을 준다. 다음 카드로 넘어가 그곳에 적혀 있는 첫째 단어에서부터 자연스럽게 다시 시작하는 것이다.

물론 내용의 일부분을 뛰어넘게 되지만 그렇다고 달라질 것은 하나도 없다. 자신 있는 태도로 미소를 지으며 아무 일도 없었던 것처럼 진행하면 청중들은 아무도 눈치채지 못한다. 참가지는 발표자의 생각을 따라가지 못한 자신을 자책하게 될 것이다. 간밤에 술이 과했다거나, 발표 도중 다른 생각에 빠진 것을 후회할 것이다. 발표자의 의연한 태도에 청중은 자신의 잘못이라고 생각하게 된다.

메모 카드의 장점

- A4 용지보다 편리하고 눈에 덜 띈다.
- 일시적인 기억상실 때 자연스럽게 진행할 수 있다.
- 준비되고 세련된 발표자로 보이게 한다.
- 순발력을 높여 준다.

● 메모 카드 대용으로 시각 자료를 이용한다
let your visuals be your notes

프리젠테이션에서 오버헤드 프로젝터(OHP, overhead projector) 필름, 플립 차트, 슬라이드 또는 유인물을 사용하는 경우에는 따로 메모 카드를 만들 필요가 없다. 이들 시각 자료에 주요 단어들이 모두 나오기 때문이다.

이때는 프리젠테이션을 진행하면서 시각 자료를 보다가 청중에게 시선을 돌리면 된다. 시각 자료를 이용하면 보디 랭귀지도 보다 자연스럽게 연출할 수 있다. 플립 차트를 보며 말하는 것이 카드를 내려다보는 것보다 훨씬 자연스럽게 보이기 때문이다.

또한 순간적인 판단이 쉬워지고, 내용을 잊을 경우에는 안전장치가 되어 준다.

● 프리젠테이션은 비행과 같다 a presentation is like a flight

비행에 이륙과 착륙이 있듯이 프리젠테이션도 시작하는 말과 결론이 있다. 비행 중에는 난기류와 돌풍을 만나기도 하지만 원만하고 안전하게 이륙하고 착륙하는 한, 그 비행은 성공적이라 할 수 있다. 프리젠테이션도 이와 같다.

프리젠테이션에서 청중의 관심을 계속 사로잡을 수 있었다면, 성공적이라고 할 수 있다. 중간에는 실수가 있을 수도 있다. 딴전을 피우거나 잠이 든 청중이 있다는 것은 좋은 징조가 아니다. 발표자가 말한 내용이나 통계수치에 대해 노골적으로 반문하는 참석자도 있을 것이다.

그러나 노련한 발표자는 숙련된 비행조종사같이 도중에 수정 운항을 하여 안전하게 착륙시키는 능력이 있다. 만약 항로를 벗어났다면 피해를 최소한으로 줄이기 위해 당황하지 말고 여유 있는 태도를 가져야 할 것이다.

프리젠테이션의 성공은 설정된 목표의 만족 여부로 평가된다. 실수의 많고 적음은 그리 중요하지 않다.

> 나는 천 번 실패한 것이 아니라
> 실패하는 방법 천 가지를 찾는 데 성공한 것이다.
> - 토마스 에디슨 -

7. 시작이 성패를 좌우한다

청중이 발표에 집중하는 시간이 점점 짧아지고 있어서 프리젠테이션 시작과 동시에 청중의 관심을 사로잡지 못하면 성공을 기대하기 어렵게 되었다. 텔레비전과 마찬가지로 프리젠테이션에서도 재미있고 흥미를 유발하는 "이야깃거리"를 연속적으로 들려주어야 한다.

● 청중이 잘 알고 있는 것부터 시작한다
go from the familiar to the unfamiliar

청중이 발표자의 말에 귀를 기울이게 하려면 우선 청중의 신뢰를 얻어야 한다. 청중이 이미 알고 받아들인 내용에서부터 시작하여, 이를 바탕으로 프리젠테이션을 전개하는 것이 바람직하다.

준비과정에서 프리젠테이션의 주제에 대해 청중이 이미 알고 있는 것이 무엇인가를 파악해야 한다. 청중 모두가 알고 있는 내용에 대해 간단히 말해 주고, 다른 주제로 넘어가기 전에 이를 요약하여 다시 들려주면 효과적이다.

시작하는 말에서 가장 중요한 것은 청중의 관심을 사로잡아 다른 데로 흩어지지 않게 하여 청중 스스로 더 많은 것을 듣고 싶게 만드는 것이다. 시작하는 말은 반드시 청중의 수준과 욕구, 상황에 알맞은 것이어야 한다. 발표자보다는 청중을 강조하는 말을 준비한다.

● 청중을 구경꾼이 아닌 참가자로 만들어라
make them participants – not spectators

내용의 중요성을 설명하지 않은 채 무작정 말하는 발표자가 많이 있다. 이런 때, 청중은 발표자의 의도에 대해 의아심을 갖게 될 수밖에 없다.

발표자는 청중이 일체감을 느낄 수 있도록 해야 한다. 그러려면 말을 할 때 "나"보다는 "여러분"을 강조하는 것이 효과적이다. 발표 내용에 청중을 끌어들여야 한다. 프리젠테이션에 나오는 단어를 보면 발표자가 청중의 관심사와 이해 관계에 주의를 기울이고 있는지 아닌지를 확실히 알 수 있다. "우리"와 "여러분" 같은 단어는 청중을 끌어들이는 것이고, "나" 또는 "내"가 들어가는 말은 청중에게 소외감을 준다. 청중이 경험하지 못한 내용을 설명할 때에는 익숙하고 친근한 예를 들어주는 것이 좋다. 예를 들면:

"여러분께서 이런 상황에 놓였다고 가정해 봅시다….
"이런 상황이라면 여러분은 어떻게 하시겠습니까….

청중이 자신의 눈을 통해 그 상황을 상상할 수 있도록 설명하는 것이 바람직하다. 청중으로 하여금 그 상황에 대입하게 만들어야 한다. 구경꾼보다는 참가자가 되게 만드는 것이다. "나" 대신 "우리"나 "여러분" 같은 말을 사용하여 발표자의 경험을 청중이 함께 느낄 수 있도록 하는 것이 중요하다. 프리젠테이션을 시작할 때에는 되도록 빨리 청중을 끌어들일 수 있는 미끼를 사용한다. 가장 인상적인 개회사와 말, 보디 랭귀지, 시각 자료 등 가장 효과적인 커뮤니케이션 매체를 준비하는 데 공을 들이고, 청중이 프리젠테이션에 적극적으로 참여할 수 있도록 이끌어야 한다. 프리젠테이션을 시작하면서 청중을 끌어들이는 효과적인 방법을 알아보자.

● 상투적인 인사말을 피하라 how not to begin

너무 상투적인 인사로 프리젠테이션을 시작하는 것은 바람직하지 않다.

"존경하는 사장님, 부사장님 이하 직원 여러분, 그리고 내외 귀빈 여러 분…."

이런 상투적인 인사말은 무겁고 부자연스럽다. 행사나 피로연 등에서 사회자들이 잘 쓰는 인사말은 사용하지 않는 것이 좋다.

또, 발표자가 프리젠테이션을 시작하기 위해 연단으로 걸어가면서 말을 하는 것은 불안함을 드러내는 행동이다. 연단으로 가면서 말하거나 킥킥 웃는 것은 발표자가 받는 스트레스를 그대로 폭로하는 것과 같다.

자신감이 넘치는 태도로 천천히 강연대를 향해 걸어간다. 프리젠테이션이 시작되기 전에 시각 자료와 모든 도구가 제대로 준비되어 있나 확인하여 완벽한 상태로 갖추어 놓는다. 청중이 보는 앞에서 도구를 준비하는 일이 없어야 한다. 꼭 그래야만 하는 경우에는 청중이 오래 기다리지 않도록 빨리 처리한다.

일단 강연대에 서면 심호흡을 하고 얼굴에 미소를 짓는다.

다시 한 번 심호흡하고 말을 시작한다. 말을 시작하기 전에 오래 쉴수록 효과는 더 커진다. 발표자가 말을 하지 않음으로써 청중은 기대감을 갖게 되고 발표자가 할 말에 더욱 주의를 집중하게 된다. 신체적으로, 정신적으로 모두 프리젠테이션을 할 준비를 갖추는 것이 중요하다. 준비가 되었다고 느껴진 후에야 비로소 말을 시작한다.

● 자신의 경험을 이야기하라 tell a story

발표자 자신이 겪은 개인적인 일화를 친구에게 이야기하듯 진솔하게 말하는 방법이 있다. "이곳으로 오는 도중에 우스운 일이 일어났습니다."라는 식으로 곧바로 일화를 소개한다. "이야기 하나만 하겠습니다."라는 식은 바람직하지 않다. 또한, 어떤 식으로든 프리젠테이션의 내용과 관련이 있는 일화를 제시해야 한다. 그렇지 않으면 청중은 이야기의 의도를 놓고 의아해 하게 된다. 아이디어 파일에 꾸준히 일화를 수집해 놓으면 많은 도움을 받을 것이다. 특히, 발표자 자신이 겪은 경험이 가장 효과적이다.

● 모임의 상황과 청중에 대해 이야기하라
acknowledge the occasion and the audience

임시 회의나 참가자가 처음으로 함께 모인 프리젠테이션에서는 상황 및 청중에 대해 언급하는 것이 아주 효과적이다. 예를 들면:

"오늘 이 자리는 대단히 뜻깊은 자리입니다."
"각 지역의 간부사원 전원이 한자리에 모인 것은 이번이 처음입니다…."
"오늘이야말로 ABC라는 주제가 가장 적절한 날이라고 생각합니다. 왜

냐하면 ….''

시작하는 말을 통해 발표자가 참가자와 특정 시간에 가장 적절한 주
제를 선택했음을 알려주어야 한다.

● 청중을 칭찬하라 pay the listeners a compliment

진실이 느껴지는 인사나 치사는 분위기를 원만하게 만든다. 또, 청
중의 신뢰를 쌓을 수 있다.

"어제 저녁 이곳에 도착했을 때 여러분께서 제게 보여주신 호의에 진심
으로 감사드립니다."
"수년 동안 여러분 회사의 경리부와 함께 일하면서 이 부서의 효과적인 교육
프로그램에 늘 감탄하고 있었습니다. 여러분은 틀림없이 자신의 업무 분야에
서 최고의 능력을 가졌으리라고 확신합니다. 오늘 프리젠테이션을 통해 ….''

사람은 누구나 다 똑같다. 자신에 대해 좋은 말을 들으면 기분이 좋
아지게 마련이다. 프리젠테이션 초반부에 청중에 대한 진실한 치사를
넣으면 신뢰감과 친밀감이 쉽게 형성된다.

● 남의 말을 인용하라 quotations

남의 말이나 글을 인용할 때에는 특별한 주의가 필요하다. 매끄럽게

처리되지 않으면 차라리 하지 않는 편이 더 낫다. 또한, 발표 내용에 적합한 것으로서 메시지를 보강해 주는 것이라야 한다. 자신의 지식을 과시하는 것처럼 보이지 않도록 주의한다. 맹목적인 인용은 피해야 하며 유명인이나 전문가의 말이라고 해서 무조건 인용하는 것은 바람직하지 않다.

발표 주제와 관련된 분야에서 권위와 전문성이 인정된 것만을 인용하도록 한다. 이때, 청중이 알고 있고 존경하는 인사의 말을 인용하면 더욱 효과적이다. 발표자와 프리젠테이션 주제의 신뢰감을 높이는 사람을 선택하는 것도 중요하다. 히틀러의 말을 인용한다면 대부분이 부정적인 반응을 나타낼 것이다.

인용문의 효과가 큰 것은 권위 있는 인사들이 발표자의 메시지와 똑같은 견해를 가졌다는 것을 보여주기 때문이다. 발표자와 같은 결론에 도달한 저명한 전문가가 있었다는 것을 알려줌으로써 청중의 신뢰감을 쉽게 얻을 수 있다.

인용문은 어떤 의미에서는 발표자의 짐을 덜어주기도 한다. 새로운 경영 이론, 인사 문제, 컴퓨터 하드웨어 등과 같이 전문적인 주제를 다룰 때, 이 분야에 대한 전문가의 말을 인용하면 존경받는 권위자의 신뢰를 한껏 이용할 수 있다.

인용문은 메모 카드를 따로 준비하여 문장 전체를 기록한다. 인용문이 들어있는 책을 청중에게 보여주면 더 효과적이다. 책갈피는 페이지를 찾는 동안 떨어질 수 있으니 포스트잇 같은 것을 쓰는 것이 좋다. 인용문은 발표에 앞서 여러 번 암송하고 연습한다. 리듬감을 살리면서 말할 수 있을 때 최대의 효과를 올릴 수 있다. 연습이 부족하여 더듬거리기라도 한다면 효과는 크게 반감된다.

● 극적인 발언을 하라 make a striking statement

전혀 새로운 생각을 발표하여 청중에게 충격을 주고 호기심을 유발하는 방법은 극적인 효과를 거둘 수 있다. 청중은 이제와는 다른, 무언가 색다른 것을 생각하게 된다. 그러나 내용은 반드시 진실한 것이어야 한다. 예를 들면:

"지금부터 제가 말씀드리는 사항을 여러분이 성공적으로 이행하신다면, 이 회사는 업계 선두주자가 될 것입니다."

"지금 우리가 하는 식으로 회의를 하는 데 시간을 계속 낭비한다면, 우리 회사는 10년 안에 망하고 말 것입니다."

● 색다른 통계를 제시하라 use an unusual statistic

늘 대하는 통계가 아닌 재미있고 독특한 통계를 예로 들 수 있다.

"99.9%의 정확도는 충분치 않습니다. 캘리포니아 품질관리연구소의 조사에 따르면 99.9%의 정확도로 만족할 경우, 시간당 수표 2만2천장이 은행 실수로 현금화되며, 매일 신생아 50명이 의사의 실수로 사망한다고 합니다. 또, 매주 500건의 수술 사고가 발생하고 잘못된 처방전은 2만 건을 넘어선다고 합니다."

"만약 우리 회사에 만족하지 못하는 고객들을 한 줄로 세운다면, 축구장 한 바퀴를 돌고도 남을 것입니다."

"우리 고객이 보내온 감사 편지를 한 줄로 쌓는다면 300미터는 될 것입니다."

"현재의 수익률이 지속된다면, 우리 회사는 6개월 안에 파산할 것입니다."

● 앞선 발표자의 말을 언급하라
refer to a statement made by a preceding speaker

회의에서 앞선 발표자의 내용이 자신의 주제와 연관된 것일 때는 이에 대해 언급하는 것이 좋다. 청중은 이를 훌륭한 태도로 받아들인다. 앞선 발표자의 내용 중 중요한 것을 높이 평가한 후 자신의 소감을 말하고 청중의 반응을 살펴본다. 청중이 앞선 발표자의 말에 호감을 표시하면 자신의 입장을 더욱 강하게 강조한다. 다른 사람들을 칭찬하는 태도는 언제나 좋은 인상을 주게 된다. 예를 들면:

"시작에 앞서 존 스미스씨가 발표한 팀워크의 중요성에 대해 잠깐 언급하고자 합니다. 저는 스미스씨의 제안이 대단히 효과적이라고 생각합니다. (앞선 발표자의 발표 내용이 타당함을 보여주는 일화를 곁들인다)"

● 흥미를 돋우는 질문을 제기하라
ask the audience a challenging quotation

"품질은 뛰어나면서도 가격이 저렴한 제품을 개발하려면 시간이 얼마나 걸리겠습니까?"

　"지금과 같은 속도로 숲이 황폐화된다면, 전세계의 숲이 완전히 고갈되는 데 걸리는 시간은 얼마나 되겠습니까?"

　"오늘날 기업이 실패하는 가장 큰 이유는 무엇이라고 생각합니까?"

　"우리 회사가 다시 업계 선두주자가 되기 위해 각 부서에서 해야 할 일은 무엇이겠습니까?"

　프리젠테이션을 시작하면서 이런 질문을 할 때에는 프리젠테이션 말미에 발표자가 답을 해주거나, 청중이 스스로 답을 찾을 수 있도록 도와주어야 한다.

● 약속을 하라 make a promise

　청중에 대한 약속은 현실적이며 충분히 실현할 수 있는 것이어야 한다. 예를 들면:

　"앞으로 20분 동안 제가 말씀드리는 사항을 잘 시행하신다면, 여러분 회사의 매출액이 20% 늘어날 것입니다."

　"앞으로 1시간 동안 고객과의 관계를 현저하게 개선할 수 있는 방법에 대해 말씀드리겠습니다."

　"이 세미나가 끝난 후, 여러분은 전보다 훨씬 나은 프리젠테이션을 하실 수 있을 것입니다."

● 비디오 상영 show a two minute video

회사, 발표자, 프리젠테이션의 주제 또는 골자를 소개하는 2분 정도의 비디오를 상영하면 매우 효과적이다. 물론 비용이 많이 드는 일이나, 같은 내용의 프리젠테이션을 다른 청중을 상대로 반복해야 할 경우, 효율적으로 사용할 수 있다.

● OHP 자료, 슬라이드 start with an overhead transparency or slide

슬라이드 프로젝터나 오버헤드 프로젝터(OHP)를 이용하여 프리젠테이션을 시작하는 것도 효과적인 방법이 될 수 있다. 도입 부분에서 시청각 도구를 이용하면 청중의 관심을 사로잡는 데 도움이 된다.
프리젠테이션을 시작하면서 다음과 같은 슬라이드나 TP 필름을 사용할 수도 있다:

Korea in the
the spring
Seoul in the
the Fall

위의 슬라이드는 언뜻 보면 맞는 것 같지만 정관사 the 가 두 번 들어가 있는 틀린 문구이다. 프리젠테이션을 시작할 때, 혹은 중간에 참가자 전원을 일어나게 한 다음 위의 슬라이드를 보여준다. 청중에게 스크린에 보이는 대로 읽어보라고 요청한다. 청중이 한 번 소리내어 읽고 난 후에 발표자가 제대로 문구를 읽고 "저하고 다르게 읽으신 분은 앉으십시오."라고 말한다. 서너 차례 반복해도 대부분의 참가자는 그대로 서 있을 것이다. 이때 발표자가 다시 웃음을 지으며 슬라이드에 있는 그대로의 문구를 천천히 읽어주면 청중은 그제서야 슬라이드의 문구가 잘못 되었다는 것을 깨닫는다.

이 슬라이드를 사용하는 목적은 사물을 이해하기 위해서는 때로는 다른 시각을 가져야 한다는 것을 일깨워주기 위해서이다. 직장생활이든, 사생활이든 똑같은 접근 방법만을 고집한다면 소중한 기회와 생각을 놓치게 된다. 해결되지 않은 문제에 대해 다른 시각을 갖는 사람에게만 기회가 주어진다. 이 슬라이드는 세미나 등에 효과적으로 사용할 수 있다.

● 진행상황을 미리 알려주어라 present an outline

프리젠테이션의 주제가 세부적이고 이론적인 때나 장시간에 걸친 발표에서는 슬라이드나 OHP 필름에 프리젠테이션의 개요를 따로 만드는 것이 좋다. 프리젠테이션에서 다루게 될 내용의 개요를 설명하는 것으로 발표를 시작하는 것이다. 또한 프리젠테이션 중간 중간에 요약하는 과정에서 이 자료를 보여주면서 어느 만큼 진행되었는지를 설명하면 청중의 이해를 도울 수 있다.

"이 슬라이드는 우리 회사의 최종 구조조정안의 개요를 보여주고 있습니다. 오늘 프리젠테이션에서는 새로 개편되는 6대 부서와 이들 부서가 내년도에 달성해야 할 목표를 살펴보겠습니다. 각 부서에는 5대 목표가 주어지며, 여러분은 회사 간부로서 이 5대 목표를 책임지고 시행해야 합니다."

"우리는 지금까지 여기 나와 있는 서비스 개선 5대 전략 중에서 3가지를 검토했습니다. 즉, 유통센터의 분산, A/S 직통전화 증설, 48시간 이내 부품 배송 등입니다. 이제 다음 전략으로 넘어가겠습니다."

슬라이드나 OHP 필름을 이용하면 다양한 방법으로 프리젠테이션을 시작할 수 있다. 이때 사용되는 시각 자료는 명확하고 확실한 목적이 있어야 한다. 주제가 너무 복잡하여 슬라이드 한 장에 개요를 담을 수 없다고 한다면 프리젠테이션 내용 구성에 문제가 있는 것으로 보아야 한다. 내용이 복잡할수록 요점을 단순화시켜야 한다. 그렇지 않으면 청중은 내용에 집중하기 어려워 발표자의 말을 곧 잊어버리게 된다. 반대로, 주제가 간단할수록 요점은 더 자세해야 한다.

● 제3자가 발표자를 소개하게 하라 get someone else to introduce you

프리젠테이션이 얼마나 매끄럽게 시작되느냐에 따라 발표자에 대한 청중의 신뢰도가 달라진다. 발표자가 전문가같이 보이면 청중은 당장 내용에 귀를 기울이게 된다. 그러므로 발표자에 대한 긍정적인 소개는 대단히 중요하다.

청중으로부터 존경을 받는 사람이 인상적인 말로 발표자를 소개하는 경우, 청중은 쉽게 발표자를 신뢰하게 된다. 발표자 자신보다는 제 3자가 소개하는 것이 훨씬 더 효과적이다. 발표자에 대한 소개가 제대로 이루어지지 않아 프리젠테이션을 망치는 경우도 종종 있다. 소개자가 언변이 부족하거나 부정확한 말로 청중을 혼란시키는 경우도 있고, 발표자의 전문성에 대해 언급하지 않는 경우도 있다. 심지어 프리젠테이션 내용에 대해 위협적인 발언을 하거나, 공격적인 농담을 하는 소개자도 있다. 소개자의 잘못된 발언이 발표자에 대해 부정적인 영향을 주면 청중의 신뢰감을 얻기 어렵다.

사전에 발표자 스스로 소개자를 선정하면 매끄럽고 효과적인 소개가 가능하다. 이때 중요한 것은 발표자에 대한 정확한 정보를 주는 것이다. 더 좋은 방법은 발표자가 작성한 원고를 소개자로 하여금 그대로 낭독하게 하는 것이다. 발표자가 원하는 대로 정확한 소개가 가능하기 때문에 많은 발표자들이 이 방법을 선호한다. 발표자는 자신을 공정하고 객관적으로 소개해야 한다. 프리젠테이션의 주제와 연관된 것이라면 발표자의 업적에 대해 언급하는 것이 좋다. 소개자가 즉흥적으로 말하거나 발표자가 준비한 원고를 변경하지 않도록 주의한다. 프리젠테이션의 성공이 매끄러운 소개에 달려있다는 것을 소개자에게 설명해 준다.

발표자가 소개자를 선택하여 준비된 원고를 읽게 하는 것이 최상의 방법으로, 이때 주의할 것은 자신을 내세우기 좋아하는 사람을 소개자로 선택하지 않아야 한다는 것이다. 이런 사람은 발표자보다 자기 소개에 열을 올리기 쉽다.

그러나 발표자가 소개자를 선택할 수 없는 경우도 있다. 행사의 사회자가 발표자를 소개할 수도 있고, 공식 만찬에서는 사회자가 발표자를 소개할 사람을 따로 지명하는 수도 있다. 이런 경우에도 소개자는 발표자의 배경과 프리젠테이션의 주제, 주제와 청중의 연관성 등에 대한 정보를 요구하게 될 것이다. 이때 발표자는 보다 적극적인 태도로 임할 필요가 있다. 소개자를 확인하여 늦어도 이틀 전에 미리 연락을 취하여 자신에 대한 정보와 자료를 주는 것이 좋다. 소개자를 자신의 편으로 만들면 많은 도움이 된다.

8. 목소리가 중요하다

발표에서 가장 중요한 원칙은 청중이 들을 수 있어야 한다는 것이다. 필요하다면 마이크를 사용해야 한다. 어쨌든 청중에게 들리지 않을 정도로 작은 소리는 변명의 여지가 없다. 프리젠테이션에 앞서 목소리를 낭랑하게 내는 연습을 한다. 소리가 너무 작은 것보다는 차라리 너무 큰 것이 낫다.

목소리가 너무 커서 문제가 되는 발표자는 1% 미만이다. 프리젠터의 목소리는 똑똑히 들리고 이해되어야만 한다. 목소리가 들리지 않는데 어떻게 내용을 이해할 수 있단 말인가?

● 호흡 air intake

호흡법이 올바르면 말하는 것이 훨씬 쉽고 편안하다. 말하는 도중에 효율적으로 숨을 들이마시고, 적절하게 말을 멈추면 음량을 조절하는데도 도움이 된다. 음량에 문제가 있다면 말의 속도를 조금 늦춘다. 가슴으로 호흡하지 말고 횡경막이나 배로 호흡하는 것이 좋다.

배가 불룩하게 나오도록 충분히 숨을 들이마신다. 프리젠테이션에 앞서 올바른 호흡법을 많이 연습한다.

● 다양한 톤을 사용하라 vary your voice

말할 때 다양한 목소리를 내는 것은 대단히 중요하다. 말의 속도, 음성의 고저와 음량을 조절하여 너무 빠르지도, 너무 느리지도 않게 말해야 한다. 똑같은 어조로 중얼거리듯 말하는 것은 절대 금물이다. 굵고도 낮은 목소리는 고음보다 더 자신감 있게 들린다. 프리젠테이션 도중에 말이 자꾸 더듬거려지거나 생각이 막히면, 말하는 속도를 늦추고 잠시 말을 멈추어 숨을 고르고 생각을 모은다. 기억이 나지 않거나 말문이 막히면 미소를 짓는다. 자신감이 있는 사람만이 미소지을 수 있으므로 청중은 발표자에게 문제가 생겼다는 것을 눈치채지 못할 것이다.

리허설에서 목소리를 이용하여 특정 단어와 말을 강조하는 연습을 한다. 목소리가 저절로 조절되도록 훈련을 해야만 발표 내용에 신경을 집중할 수 있다.

당황하면 누구나 말이 빨라지는 경향이 있다. 연속하여 빨리 말하면 호흡이 가빠진다. 자신감 있는 이미지를 강조하고 싶다면 속도를 줄이는 것이 좋다. 속도가 느려지면 숨을 깊게 쉬게 되고 목소리에도 힘이 실린다.

● 목소리를 이용한 강조법 use your voice for emphasis

프리젠테이션에서 주요 골자에 청중의 관심을 집중시키고자 할 때에는 말의 속도를 늦추고 거의 속삭이는 단계까지 목소리를 낮춘다. 물론, 청중이 들을 수 있을 정도는 되어야 한다. 발표자가 목소리를 낮추면 청중은 이를 중요한 내용이 시작된다는 신호로 받아들이게 되므로 더 주의를 기울여 듣게 된다.

이 기술을 효과적으로 이용하려면 음량을 조절하여 확실한 대비를 이룰 수 있도록 연습해야 한다. 중요한 대목에서는 일부러 말을 멈추기도 한다. 두세 번 심호흡을 한 후 참석자 중 몇 사람에게 시선을 주고 다음 내용으로 넘어간다.

또한 억양을 이용하여 문장의 의미나 효과를 바꿀 수도 있다. 음량, 어조, 억양을 이용하여 여러 가지 연습을 하는 것이 필요하다. 말하는 내용뿐만 아니라 말하는 방법 또한 중요하다는 것을 항상 명심해야 한다. 억양과 어조에 따라 어감이 달라진다. 다음 문장을 여러 가지 억양과 어조로 연습하여 어감이 어떻게 달라지는지 느껴보자.

"여러분은 할 수 있습니다!"

"원준씨! 정말 잘 됐어!"

"자네는 해고야!"

같은 문장에서도 어느 단어를 강조하느냐에 따라 내용이 달라진다.

"**난** 수연에게 경수가 어리석다고 말하지 않았어." - 다른 누군가가 말했다

"난 수연에게 경수가 어리석다고 말하지 **않았어**." - 그러나 곧 말할 것이다

"난 수연에게 경수가 어리석다고 **말하지** 않았어." - 단지 암시만 했을 뿐이다

"난 **수연에게** 경수가 어리석다고 말하지 않았어." - 미희에게 말했다

"난 수연에게 **경수가** 어리석다고 말하지 않았어." - 원준이라고 했다

"난 수연에게 경수가 **어리석다고** 말하지 않았어." - 바보같다고 했다

● 사투리나 독특한 억양을 쓰는 경우 if you have a foreign accent

발표자의 모국어가 청중과 같지 않을 때나 사투리를 쓸 때에는 청중이 잘 알아들을 수 있도록 더욱 주의를 기울여야 한다. 청중이 발표자의 말을 알아듣기 어려울 뿐만 아니라 때로는 혼동을 일으킬 수도 있기 때문이다.

청중이 발표자에 대해 친밀감을 느끼고, 발표자가 최선을 다해 노력하고 있음을 인정하게 되면 청중은 인내심을 발휘하여 발표자의 말을 알아듣기 위해 특별한 노력을 기울이게 된다. 사투리를 쓰는 발표자는 다음 방법을 시도해 보자.

• 천천히 시작하여 점차 속도를 빠르게 한다. 대부분의 연사나 발표자들이 이 방법을 사용한다. 처음에는 말의 속도를 떨어뜨려 청중으로 하여금 발표자의 사투리나 어조에 익숙해지도록 만든 다음,

사람들이 충분히 따라올 정도가 되면 평소의 속도까지 올린다.

- 발표자의 모국어가 청중의 모국어와 다를 때에는 이따금씩 자신의 모국어로 한두 문장을 말한 다음, 이를 번역해 주는 것도 좋은 방법이다. 이렇게 함으로써 발표자는 자신의 발표에 개성을 더하게 되고, 청중은 발표자에게 친밀감을 느끼게 된다.

- 발표에 사용하는 언어가 불편하게 느껴질 때에는 시각 자료를 이용하여 메시지를 전달한다. 이때에는 자료 준비에 더 많은 신경을 써야 한다. 문법적으로 완벽하고 참가자에게 적합한 용어를 선택하도록 주의한다. 통계 수치와 지역적으로 사용되는 표현도 조심한다. 특히, 번역에서는 잘못된 번역으로 우스꽝스럽게 되거나 뜻하지 않게 청중을 공격하는 내용으로 변질되지 않도록 사전에 철저히 검토해야 한다. 청중과 같은 모국어를 쓰는 친구나 동료에게 교정을 부탁하는 것이 안전하다. 때로는 전체 발표 내용에 대해 시각 자료와 모형 등을 만들 수도 있다. 말의 속도가 느리더라도 시각 자료의 효과로 상쇄될 수 있다. 중요한 것은 청중이 관심을 가지게 하는 것이다. 청중이 지루하게 느끼는 프리젠테이션은 성공할 수 없다.

● 목소리 다듬기 how to improve your voice

목소리에서 일반적으로 주의를 기울여야 할 것은 고저(pitch), 속도(pace), 멈춤(pause) 그리고 명료한 발성(projection)이다. 평소 자신의 목소리 상태에 대해 신경을 쓰면 훨씬 쉽게 목소리를 조절할 수 있다. 연습만이 왕도이다.

말하면서 자신의 목소리를 듣는 버릇을 들이면 많은 도움이 된다. 이때, 다른 사람에게 들리는 목소리와 다르게 들린다는 것을 명심한다.

소형 녹음기를 준비하여 자신의 말을 녹음하는 것도 좋은 방법이다. 전화 통화에도 주의를 기울이고 여러 문장을 말해 본다. 테이프를 되돌려 자신의 목소리를 분석하며 목소리의 고저와 음량을 조절하고 중간 중간 말을 멈추기도 하면서 적절히 속도를 조절할 수 있도록 충분히 연습한다.

당황하거나 불안해지면 의문문 식으로 문장 끝이 올라가는 사람도 있다.

"안녕하세요? 저는 수연입니다(?)" (의미: 수연인 것 같아요 ….)

또, 말에 무게를 실어 권위적으로 말하는 사람도 있다.

"저는 김영철입니다!" (똑바로 알아듣지 못하면 죽는 수가 있어!)

불안할 때는 목소리가 달라진다는 사실을 기억해야 한다. 이럴 때는 평소 어조로 돌아가기 위해 심호흡으로 여유를 되찾는다.

> 사람들을 설득할 수 없다면
> 차라리 혼동시켜라.
> - 해리 트루먼 -

9. 진행 요령과 피해야 할 상투어

성공적인 프리젠테이션을 할 수 있으려면 발표자는 자신의 메시지에 대한 확신을 가져야 한다. 청중은 발표자가 자신의 메시지를 확신하고 있는지 아닌지를 금방 알아낸다. 자신이 믿지도 않는 내용을 설득력 있게 전달하는 것은 정말 노련한 발표자나 배우나 할 수 있는 일이다. 진정으로 자신이 하는 일에 확신을 가지고 있고 자신의 생각이 청중에게 도움이 될 수 있다고 믿는다면, 그 믿음을 청중에게 보여주어야 한다.

● 청중의 반응을 관찰하라 observe the audience's reaction

프리젠테이션 과정에서 청중은 발표자의 태도와 말에 각자 다른 반응을 보이게 된다. 발표자는 청중의 반응을 계속해서 주시해야 한다. 참석자의 반응을 자주 살펴보면서 필요할 경우에는 프리젠테이션의 전달 방법을 조정한다. 청중이 어리둥절하거나 당혹한 표정을 보이면, 잠시 진행을 멈추고 내용을 이해했는지 물어보는 것이 좋다. 참가자가 내용을 이해하지 못했다면 다른 방법으로 설명을 반복해 준다. 발표자가 농담을 했는데도 웃지 않는다면 유머를 피하고 진지한 태도를 보여주는 것이 좋을 것이다. 청중이 딴전을 피우고 있는 것이 확실할 경우에는 즉시 프리젠테이션을 멈추고 상황을 정리하여 수습해야 한다.

또한 프리젠테이션 당일이나 며칠 전에 참가자에게 특기할 만한 사건이 있었는지도 유의해야 한다. 물의가 있는 회사 정책이 발표되었다거나, 개인적, 혹은 회사 차원의 갈등이 있었다면 청중이 프리젠테이션에 집중하기 어려울 것이다. 발표자는 이에 대해 거론할 필요는 없지만 참고로 알고 있는 것이 좋다.

프리젠테이션의 요지를 다른 방법으로 여러 번 반복하여 설명하면 청중이 내용을 쉽게 이해할 수 있을 것이다. 또한 시각적인 자료를 이용하여 내용을 보강할 수도 있다.

특히, 프리젠테이션에서 발표된 정보를 이용하여 참가자의 업무를 개선하는 구체적인 방법을 제시하는 것이 좋다. 청중의 의견을 떠보거나 반응을 살펴보는 것도 참가자의 이해도를 높일 수 있는 방법이다.

한편, 발표자가 거수를 요청할 경우, 물론 모든 청중이 협조하지는 않는다. 국적에 따라 반응이 다를 수도 있으며, 외향적인 사람들과 내성적인 사람들 사이에도 차이가 난다. 거수 행위를 유치하게 여기는 참가자도 있다. 그러나 대부분의 경우, 많은 사람들이 거수에 참여한다. 참가자와 직접적으로 관련되는 질문을 하며 손을 들어보라고 하는 것이 바람직하다. 부서, 출신지, 근무 기간 등을 알아보는 데 편리하다. 발표자는 진지한 태도로 거수를 요청하고, 청중의 반응에 고마움을 표시해야 한다. 이때, 발표자 스스로 머리 위로 높이 손을 들어 청중의 행동을 유도하면 더욱 효과적이다. 경영의 이치가 바로 이것이다. 간부가 솔선수범하면 직원들 또한 적극적인 태도를 보인다.

● 신뢰감을 쌓아라 build the audience's trust

청중이 발표자를 신뢰하지 않는다면, 그가 하는 말 또한 들으려 하지 않게 된다. 발표자가 자신의 경력에 대해 허위로 말하면 청중은 결국에는 이를 알게 된다. 신뢰감이란 얻기는 어렵고 잃기는 쉬운 것이다. 발표자의 최근 강연이나 발표 내용에 대한 다른 청중의 반응에 대해 과장되지 않게 언급하면 신뢰감을 쌓는 데 도움이 된다. 예를 들면:

"지난 주 취리히에서 은행 투자 관계자들을 위한 강연을 했는데, 참석자 한 분이 요즘 가장 큰 걱정거리는 정크 본드 가격이 하락하는 것이라고 하더군요."

자신의 활동과 교제 범위에 대해 언급함으로써 전문적인 능력과 경험이 많다는 이미지를 조성하여 신뢰감을 쌓을 수 있다. 이는 발표자의 주제에도 긍정적인 효과를 미쳐, 청중은 발표자의 메시지를 보다 신중하게 경청하게 된다.

신뢰감을 쌓는 또 다른 방법은 최근에 발표한 논문이나 기사, 회사에서의 승진, 수상 경력 등 발표자의 최근 업적에 대해 언급함으로써 발표자가 충분한 전문성과 경험을 갖추고 있음을 자연스럽게 밝히는 것이다.

프리젠테이션의 신뢰도는 3분의 2를 내용에서 얻고, 나머지 3분의 1은 유인물이나 시각 자료로 보강하는 것이 바람직하다.

● 청중의 참여를 유도하라 lead the audience's participation

진정한 커뮤니케이션을 위해서는 참석자를 프리젠테이션에 끌어들여야 한다. 특정한 사안에 대해 청중이 자발적으로 발표하게 하는 것도 바람직하다. 참석자 중 발표할 사람을 사전에 지정하여 놓는 것이 안전하다. 발표자가 협조나 자원자를 구할 때 아무도 나서지 않는다면 참으로 난처할 것이다. 청중의 참여를 유도할 때는 시작에 앞서 협조해줄 참가자를 정해 놓아야 한다.

참여하는 사람을 동료들 앞에서 당황하게 만들거나 웃음거리로 만들어서는 절대 안 된다. 만약 그렇게 할 경우, 발표자는 청중의 원망과 분노를 사게 되고 신뢰감마저 잃게 된다.

● 피해야 할 상투어 cliches to avoid

발표나 연설에서 절대로 쓰지 말아야 할 상투적인 말이 있다. 그럼에도 불구하고 너무 많은 사람들이 이런 말을 자주, 그리고 아무렇지도 않게 사용하고 있다. 청중을 생각해서라도 이런 말은 절대로 사용하지 않아야 한다.

"사람들 앞에서 말하는 것에 익숙하지 않아서…"

경험 없는 발표자라는 것이 어쨌든 금방 드러날 터이니 친절하게 미리 말해줄 필요는 없다. 프리젠테이션 경험이 없다는 것에 대해서는 변명도 언급도 하지 않는 것이 좋다. 또, 프리젠테이션을 꺼린다거나 싫다는 말도 삼가야 한다. 대신, 프리젠테이션이 즐겁고 이 기회를 손꼽아 기다려왔다고 말하는 것이 청중에 대한 예의이다.

"오늘 왜 저를 이 자리에 부르셨는지 잘 모르겠습니다."

진정으로 그 이유를 모른다면 가만히 앉아서 입다물고 있을 일이다. 이런 말로 아까운 청중의 시간을 낭비하는 것은 곤란하다. 또, 무슨 말을 해야할지 모르겠다는 말도 절대로 하지 않는다.

"준비한 것이 별로 없어서…"

프리젠터가 이런 말로 시작하면 청중은 그러면 왜 프리젠테이션을 하는지 의아심을 품게 된다. 이런 말은 청중의 시간을 낭비하겠다고 선언하는 것이나 마찬가지여서 한마디로 몰상식한 태도라고 할 수 있다.

"방금 머리 속에서 나온 생각입니다만…"

이게 대체 무슨 말인가? 그럼 발바닥에서 나온 생각도 있단 말인가? 발표자의 준비가 부족하다는 것은 누구나 곧 알아챌 것이다. 일부러 그 사실에 청중의 관심을 집중시킬 필요까지 있겠는가?

"아시다시피…"

보통 마음이 불안할 때 나타나는 습관적 언어이다. 일상 생활에서 이 말을 자주 사용하는 사람들이 발표에서도 습관적으로 사용한다. 일상 대화에서는 보통 상대방의 반응을 바랄 때 이 말을 사용하게 된다. 연설이나 발표에서는 이 말을 자제하는 연습을 해야 한다.

"에, 아, 음…"

이것보다 더 프리젠테이션을 망치는 것은 없다. 차라리 아무 말도 하지 말라. 일단 말을 멈추고 생각을 정리한 다음 다시 말을 시작하는 것이 바람직하다. "에…"라는 말을 쓰면 보다 이지적이고 사색적으로 보인다고 생각하는 사람들도 있으니 참으로 어이없는 일이다. 프리젠테이션에서는 절대로 중얼거려서는 안 된다. 만약 무슨 말을 해야할지 기억나지 않으면 잠시 입을 다물고 생각을 정리한다. 청중은 이렇게 침착한 태도를 보이는 발표자를 높이 평가할 것이다.

"어느 점으로 보나…", "기타 등등…"

둘 다 아무런 뜻이 없는 불필요한 말이니 쓰지 않도록 한다.

"오늘 저는 …에 대해 말씀드리고자 합니다."

아마추어 냄새가 물씬 나는 서두이다. 그렇지만 애석하게도 많은 사람들이 이 말로 프리젠테이션을 시작하고 있다. 이런 종류의 서두는 전혀 설득력이 없다. 무엇인가 독창적인 것으로 청중을 사로잡을 수 있어야 한다. 청중의 관심을 끌 수 있는 첫 문장을 준비하자. 해야 할 말을 정확하게 적어보는 것도 좋은 방법이다.

10. 시작만큼 중요한 끝맺음

프리젠테이션에는 원만한 결론이 있어야만 모든 것이 깔끔하게 마무리될 수 있다. 메모 카드에 있는 결론을 그대로 읽는 것은 바람직하지 않다. 카드는 일시적인 기억상실 현상이 나타날 경우를 대비해서 준비하는 것이다. 진실함을 보여주려면 끝맺는 말은 될수록 발표자의 마음으로부터 우러나오는 것이 좋다. 내용이 마음에서 우러나온 것이 아니라면, 전달하는 방법이라도 자발적이어야 한다.

사전에 준비할 수 있는 끝맺음의 몇 가지 예를 들어보자.

● 프리젠테이션을 요약하라 summarize your presentation

프리젠테이션의 목적에 대해 다시 설명해주고, 이 목적을 달성했음을 보여주는 것이다. 예를 들면:

"요약하자면, 영원한 고객을 만드는 5가지 방법은…"

"결론적으로 다음의 3가지 사항으로 요약됩니다…"

● 일화를 이야기하며 마무리하라 close with an anecdote

결론에 사용되는 일화는 전체 내용을 하나로 뭉뚱그려 프리젠테이션의 결과로서 청중이 취해야 할 행동이나 태도를 보여주는 것으로 선택한다.

가장 중요한 요점을 효과적으로 표현하면서 청중을 기분 좋게 만드는 이야기로 결론을 맺는다.

● 행동을 요청하는 말로 마무리하라 end with a call to action

청중이 취해야 할 행동을 정확하게 말하는 것으로 결론을 지을 수 있다. 이는 대단히 중요한 사항이다. 의외로 많은 발표자들이 청중 스스로가 당연히 취해야 할 행동에 대해 알고 있을 것으로 생각한다. 발표자에 따라 청중에 대한 행동 요청이 청중의 지적 수준을 모욕하는 것이라고 여기는 사람들도 있다. 그러나 이와는 반대로 청중에게 행동을 요청함으로써 프리젠테이션에서 전달하려고 했던 내용을 명확하게 해 줄 수 있다. 예를 들면:

"부서의 생산성을 높이고 싶다면 당장 지금부터 진실된 마음으로 직원을 칭찬하십시오."

"오늘 당장 야간 대학의 대중연설 강좌에 등록하십시오."

"오늘밤 자녀분들의 인생 목표가 무엇인지 묻고, 아무런 판단도 하지 말고 듣기만 하십시오."

발표에 대한 반응으로 청중이 취해야 할 행동을 정확하게 설명해 줌
으로써 청중은 프리젠테이션의 목표에 대해 더 확실히 알게 된다.

● 수사학적 질문을 던져라 ask a rhetorical question

실제적인 대답을 바라고 하는 질문이 아니라 청중으로 하여금 생각
하게 만드는 질문을 던짐으로써 프리젠테이션을 끝맺는 것도 효과적
인 방법이다. 예를 들면:

"직원들의 헌신적인 노력이 없다면 우리 회사는 과연 어떻게 되겠습니까?"
"가장 큰 고객을 잃는다면 우리는 어떻게 하겠습니까?"

● 맺음말 make a statement

전문적인 학술발표나 기자회견에서는 간단하고 직접적인 맺음말로
대신한다.

"효율적인 노사관계에 대한 행동 심리에는 아직도 연구할 부분이 많이
남아 있습니다. 오늘 제가 말씀드린 것은 아주 일부분일 뿐입니다. 여러분
각자 더 많은 연구를 하시길 바랍니다."

● 수미쌍관법을 사용하라 end the same way you began

이는 영화에서 자주 사용하는 기법으로 프리젠테이션을 균형감 있게 만들어준다. 서두에 사용했던 일화나 인용문으로 다시 사용하여 한 바퀴 돌아서 제자리에 왔음을 보여준다. 예를 들면:

"프리젠테이션 서두에서 인용했듯이 "두려움 외에는 두려워할 것이 없습니다."

"시작했던 것에서 끝을 맺겠습니다. 고객은 왕입니다. 그들이 없다면 우린 존재할 수 없습니다."

● 프리젠테이션의 내용을 요약하고 질문을 받아라
show them an outline of your completed presentation

위와 비슷한 기법으로 프리젠테이션에서 다루고자 했던 내용을 간단명료하게 요약하여 주고, 청중의 질문을 자연스럽게 유도한다.

"오늘 프리젠테이션을 마치면서 …"

이 말은 청중의 관심을 다시 불러일으켜 프리젠테이션을 요약하거나 청중에게 행동을 요구하는 데 효과적이다. 아마추어같이 들린다는 단점이 있으나, 주제가 재미없을 경우에는 청중이 졸지 못하도록 하는 데 효과적인 결어법이다. 조는 사람들이 있을 때에는 프리젠테이션 중간에 한두 번 사용해도 좋다.

"오늘 저는 여러분께 … 을 드리고자 했습니다."

이 말로 발표자는 청중에게 무엇인가 더 많은 것을 줄 수 있다. 유용한 내용으로 청중을 기분좋게 만드는 것으로 한다.

프리젠테이션을 마칠 때 가장 중요한 것은 자신감을 담은 얼굴에 미소를 짓는 것이다. 천천히 자신의 자리로 걸어가되 될수록 자신감 있게 보이도록 한다. 여태까지 긴장했다 하더라도 그것을 아는 사람은 오로지 발표자뿐이다. 이제 프리젠테이션이 모두 끝나고 청중은 다시 발표자를 주목하게 된다. 자신감 넘치는 태도로 자신의 자리로 돌아가는 발표자의 모습을 보고 청중은 발표자를 평가하게 된다. 그러니 어깨를 젖히고 고개를 들고 미소를 짓는 것이 중요하다.

비지니스 프리젠테이션은 단순한 발표로 그쳐서는 안 된다. 발표자는 자신이 가진 정보와 함께 자기 자신을 보여주어야 한다. 이것이 바로 파워 프리젠테이션의 비밀이다.

> 바보의 마음은 입에 있고
> 현자의 입은 마음에 있다.
> - 벤자민 프랭클린 -

요약

파워 프리젠테이션에서 효과적으로 말하는 방법

• 청중의 관심사와 일치하는 주제를 선택하여 청중에게 친숙한 말로 전달한다.

• 프리젠테이션의 내용을 구조화하고, 주요 요점을 명확하게 숙지한다.

• 원고를 그대로 읽지 말고, 메모 카드를 사용한다.

• 발표 내용을 여러 번 연습한다. 리허설은 사람들 앞에서 하는 것이 더 효과적이며 사람들이 없을 경우에는 반드시 서서 한다.

• 극적 효과와 강조, 활기를 북돋우는 발언을 적절히 섞는다.

• 적절히 말을 멈춘다.

• 청중에게 이번 프리젠테이션에 대한 기대가 크다고 말한다.

• 천천히 시작하여 편안한 속도가 될 때까지 속도를 점차적으로 높인다.

• 자신감 있고, 흡족한 표정을 짓고, 미소를 잊지 않는다 .

4

파워 프리젠테이션의 둘째 요소 :

보디 랭귀지

" 내적인 영혼이 아름답게 하소서.

외적인 모습과 내적인 모습이 하나 되게 하소서.

- 소크라테스 - **"**

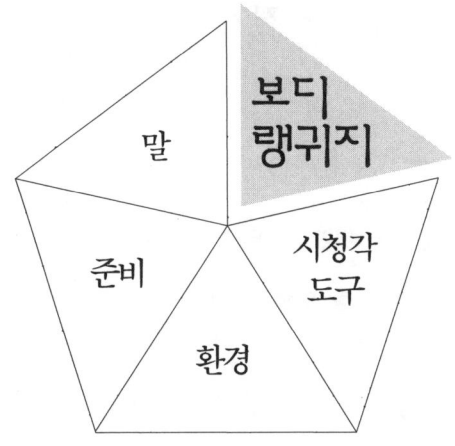

커뮤니케이션 연구에 따르면 메시지는 말 이외에도 여러 가지 수단으로 전달되는 것으로 나타나고 있다. 앨버트 메라비안(Albert Mehrabian) 박사는 『침묵의 메시지(Silent Messages)』라는 저서에서 커뮤니케이션에 영향을 주는 것은 말이 7%, 목소리가 38%, 보디 랭귀지가 55%라고 했다. 즉, 메시지의 93%가 몸짓이나 표정 등 비언어적 매체로 전달된다는 것이다.

인간의 신체는 여러 가지 의사를 충분히 표현하고도 남는다. 우리는 표정과 몸짓 등 보디 랭귀지를 통해 상대방에게 끊임없이 신호를 보내고 있다. 보디 랭귀지는 목소리와 마찬가지로 말의 의미를 바꾸기도 하고 취소하기도 한다. 그러므로 신체와 입이 같은 신호를 보내도록 주의해야 한다. 언어 메시지를 통제하듯 비언어적 메시지 또한 자유자재로 통제할 수 있어야 한다.

1. 표정 관리와 미소 짓기

● 스스로를 관찰하라 analyze yourself

아무도 보지 못하게 방문을 걸어 잠그고 거울 앞에 서서 평소 자주 취하는 제스처와 얼굴 표정을 짓는다. 스스럼없는 친구 앞에서 여러 가지 표정을 지어 보이면서 의견을 들어보는 것도 좋다. 자신의 보디 랭귀지에 대해 가장 잘 알 수 있는 방법은 여러 사람 앞에서 말하고 있는 모습을 녹화하는 것이다. 그것이 불가능할 때에는 리허설 모습을 녹화한다. 다른 사람들이 자신을 어떻게 보는지 알 수 있게 된다. 스스로의 모습을 보고 나면 어디를 어떻게 고쳐야 할지 알게 될 것이다.

우리는 모두 인간인지라 자신을 돌아보는 일이 어쩐지 어색하고 꺼려지게 마련이다. 그러나 효과적인 커뮤니케이션은 내용이 아니라 이를 전달하는 방법에 더 많이 좌우되므로 보디 랭귀지를 최대한으로 이용해야 한다. 자기 분석은 커뮤니케이션 능력을 극적으로 높여줄 수 있다. 자기 관찰을 통해 어떤 제스처가 자연스럽게 보이는지, 또 어떤 제스처를 고쳐야 하는지 파악한다. 신체적 표현으로 감정을 전달하는 법을 연습하여 열정, 자신감, 분노, 염려, 동감 등의 감정을 자연스럽게 몸짓과 표정으로 나타내는 방법을 터득하도록 한다.

● 얼굴 표정을 다양하게 변화시켜라 facial expressions

메시지의 55%는 신체로 전달되는데, 이중 대부분이 얼굴, 더 구체적으로는 눈, 눈썹, 그리고 입을 통해 전달된다.

얼굴 표정은 메시지에 엄청난 차이를 만든다. 스스로 몹시 화가 났다고 말하는 사람이 웃는 얼굴을 하고 있다면 그 사람의 말을 믿을 수 있겠는가?

인간의 기분과 느낌은 신체가 보내는 신호로 쉽게 관찰할 수 있다. 제스처와 얼굴 표정의 효과는 엄청나다. 이를 효과적으로 사용할 수 있도록 연습해야 한다. 그러나 자연스럽게 보이도록 주의한다.

에이브러햄 링컨은 '사십 세가 되면 자신의 얼굴 모습에 책임져야 한다'고 말했다. 평소에 자주 미소를 지어 근육을 단련해야 찡그린 표정이 되지 않는다. 긍정적인 생각을 가질 때 눈이 반짝거린다.

입, 눈, 눈썹의 표정을 적질히 조화시키면 자신의 말에 부합되는 표현을 얼마든지 만들어 낼 수 있다. 거울 앞이나 비디오 카메라 앞에서 같은 말을 여러 가지 다른 표정과 발음으로 연습해 본다.

미소의 위력을 이용하라 smile

조사에 따르면 미소짓는 사람들은 그렇지 않은 사람들보다 행복하다고 한다. 논리적인 말이다. 찰스 다윈은 1872년에 이미 감정과 얼굴 표정에 대한 논문을 발표했다.

미소를 지으면 뇌에서 기분을 좋아지게 하는 화학물질이 분비된다는 것이 과학적으로 증명되었다. 사람은 자신이 있고, 마음이 편안할 때, 또 자신을 제어할 수 있을 때만 미소를 지을 수 있다.

입사 면접에서 미소를 짓는 지원자가 합격률이 높다는 통계도 나와 있다. 우리는 얼굴을 찡그리고 있는 사람들을 기피하는 경향이 있다. 불평을 늘어놓는 사람들과 시간을 보내는 것이 괴롭기 때문이다.

학교에서도 항상 잘 웃는 아동이 교사의 관심을 더 많이 받으며, 성적도 좋다는 보고가 있다. 은행도 마찬가지여서 귀찮은 질문에 미소 띤 얼굴로 대답하면 대출을 받게 될 확률이 높아진다고 한다.

프리젠테이션에서 미소는 무엇보다도 중요하다. 미소짓는 발표자를 보면 청중은 무의식적으로 기분이 좋아지고 실력 있는 발표자라고 생각하게 된다. 긍정적인 태도는 모두에게 전염되는 것이다.

발표자가 계속 미소를 지으면 청중도 미소를 짓게 된다. 프리젠테이션을 시작할 때 진심에서 우러나는 부드러운 미소를 지으면 청중은 발표자에 대해 쉽게 신뢰감을 쌓을 수 있다.

프리젠테이션의 주제에 따라 얼굴 표정을 다르게 하는 것도 필요하다. 해고를 명령하면서, 또는 장례식에서 조사를 읽으면서 미소를 지어서는 안 될 것이다.

그러나 주제가 심각하다고 해서 지루할 정도로 심각한 얼굴로 일관할 필요는 없다. 프리젠테이션에 대비를 주기 위해서라도 가끔씩은 즐거운 표정을 짓는 것이 오히려 효과적이다. 긍정적인 대목에서는 미소를 짓고, 심각한 대목에서는 냉정하고 침착한 표정을 짓는다. 이런 대비가 자연스럽게 나타날 때, 내용이 더욱 강조된다.

미소의 가치

미소는 돈 한푼 안 들이고도 많은 일을 한다.

주는 사람은 아무리 주어도 가난해지는 법이 없고,

받는 사람은 풍요로워진다.

미소는 순간적이지만

때로 그 기억은 영원하다.

미소 없이 살아갈 수 있을 만큼 부자도 없고,

가난한 이들도 미소를 지으면 조금은 부자가 된다.

가정에는 행복을,

기업에는 신용을 가져다 주고

친구 사이에서는 암호가 된다.

피곤한 사람에게는 휴식을,

절망한 사람에게는 광명을,

슬픈 사람에게는 햇빛을 주는

자연이 베풀어 주신, 고민을 치유하는 명약이다.

그러나 미소는 살 수도, 빌릴 수도, 구걸할 수도, 훔칠 수도 없는 것.

왜냐하면, 미소가 사라지고 나서야 그 고마움을 깨닫게 되니까.

– 작자 미상 –

2. 자연스러운 시선과 손 처리

● 눈을 맞추어라 eye contact

프리젠테이션 경험이 많아지면 자연스럽게 청중의 눈을 바라보며 이야기할 수 있게 된다. 레오나르도 다빈치는 '눈은 마음의 거울'이라고 했다. 눈에는 그 사람의 기분과 느낌이 그대로 나타나 있다. 눈을 뜨고 있는 것은 자신감의 표시이며, 반쯤 감은 눈은 불신을 나타낸다. 발표자가 참가자와 시선을 마주치며 말을 할 때 청중은 발표자가 자기에게 개인적으로 말을 하고 있다고 느끼게 된다.

청중을 한번 훑어본 후, 개개인의 눈을 바라보는 연습을 한다. 한 사람에 대해 2~3초씩 시선을 멈춘다. 청중은 프리젠테이션에 대해 강연이라기보다는 일대일 대화같이 느끼게 될 것이다.

상대방의 눈을 똑바로 보며 이야기하면 신뢰감이 쉽게 형성된다. 눈을 똑바로 보는 것이 어색하다면 청중의 콧잔등이나 턱을 바라보는 것도 상관없다. 청중은 발표자가 자신을 똑바로 본다고 착각하게 된다.

가끔씩 발표 장소를 사선으로 훑어본다. 가운데에서 구석으로, 왼쪽에서 오른쪽으로, 또 오른쪽에서 왼쪽으로 훑는다. 청중 중에 불편한 느낌이나 위협적인 느낌을 주는 사람이 있을 때에는, 마음이 편안해지거나 프리젠테이션이 원만히 진행되어 자신감이 생길 때까지 시선을 돌리지 않는 것이 좋다. 청중이 발표자를 친밀하게 느끼게 만드는 요령을 익힌다. 다정해 보이거나 발표자에게 호감을 갖고 있는 사람들에게 우선적으로 시선을 준다. 가끔 미소를 교환하며 친밀감을 확고히

한다. 그런 다음, 보다 부정적인 느낌을 주는 사람들에게 시선을 옮긴
다. 발표자가 청중을 대하는 태도와 똑같이 청중도 발표자를 대한다.
발표자가 웃으면 청중도 미소를 짓고, 발표자가 얼굴을 찡그리면 청중
도 찡그린다.

청중의 우스꽝스런 모습을 상상하라
visualize the audience looking silly

처음부터 자연스럽게 청중의 눈을 바라볼 수 있는 프리젠터는 많지
않다. 청중에게 시선을 주는 것이 계속 두려울 때에는 청중이 나체로
앉아있다고 생각해 보는 것도 요령이다. 특히, 저명인사들이 참가한
프리젠테이션의 경우 이런 상상은 더 효과적이다. 윈스턴 처칠도 처음
에는 청중이 팬티 바람으로 앉아있는 모습을 상상하며 연설했다고 한
다. 또는, 자신에게 엄청난 빚을 진 빚쟁이라고 생각하는 것도 좋겠다.

제스처 gestures

말할 때 손을 사용하는 방법을 익히는 것이 필요하다. 가상의 사물
을 가리키거나 허공에 선을 그리는 연습을 해본다. 사람을 손가락질하
는 것이 예절바른 제스처는 아니다. 검지로 청중을 가리키는 것은 금
물이다. 크기나 양을 표현할 때는 두 손을 벌리거나 좁혀서 나타낸다.
프리젠테이션의 요점을 설명할 때 손가락으로 하나씩 순서를 세는 것
도 좋다. 예를 들어, 손가락 3개를 펴 보이며 "셋째는 광고전략입니다."

라고 말한다. 10 미만의 수는 손가락으로 나타내도 좋다. 길이나 넓이를 나타낼 때에는 두 손을 벌리거나 위아래로 움직여 크기를 표현한다.

제스처는 매끄럽고 자연스러워야 한다. 제스처를 기계적으로 반복하여 사용하는 것은 바람직하지 않다. 다른 사람들의 과장된 제스처를 보는 것도 좋은 공부이다. 무엇보다도 진지해 보이면서도 편안한 제스처를 스스로 개발하는 것이 중요하다.

● 주머니에 손을 넣지 말아라 keep your hands out of your pockets

주머니에 손을 넣는 습관을 버리기 힘들다면 주머니를 봉해버리는 것이 안전하다. 프리젠테이션 중에 주머니에 손을 넣는 것은 금물이다. 이는 불안하거나, 반대로 너무 편안하다는 표시이다. 또한 동전, 열쇠 등 소리가 나거나 부피가 나가는 물건을 미리 주머니에서 꺼내어 시끄러운 소리가 나지 않도록 한다. 발표 중간에 청중의 관심이 흐트러지거나 발표자가 민망해지는 일이 생길 수 있다.

만년필이나 안경 등을 셔츠나 상의 주머니에 넣지 않는다. 이런 물품은 서류 가방에 보관하는 것이 좋다. 공연히 안경이나 만년필을 만지작거려 청중의 관심을 흐트러뜨리지 않도록 한다.

등뒤에서 오랫동안 손을 맞잡는 것도 좋지 않은 태도이다. 두 손은 청중이 볼 수 있도록 편안하게 내려뜨린 상태에서 몸이 움직이는 대로 손도 자연스럽게 움직이도록 한다. 손이 보이지 않으면 전체적으로 신체가 딱딱해 보인다. 손을 어떻게 해야할지 잘 모르겠으면 다음과 같이 한다.

- 손과 팔은 자연스럽게 내려뜨린다.
- 손을 맞잡을 때에는 두 손을 서로 꽉 쥐지 않은 채 검지만 부드럽게 겹친다.
- 일단 프리젠테이션이 시작되면 자연스럽게 손을 움직인다. 주머니에 손을 넣거나 청중에게 모욕적으로 보일 수 있는 제스처는 절대로 삼가야 한다.

3. 자신있는 제스처

🔵 어깨는 발표자의 자신감을 표현한다
shoulders can help convey confidence

어깨는 발표자의 자신감을 드러내 보인다. 반대로, 어깨로 인해 긴장되고 겁을 먹은 것으로 보이기도 한다. 어깨를 뒤로 젖히면 실제로 더욱 자신감을 느낄 수 있다. 어깨를 뒤로 젖히고 고개를 약간 위로 당기면 청중이 아무리 많더라도 평정을 찾을 수 있다.

어깨를 뒤로 젖히고 고개를 든 상태로는 절망감을 느낄 수 없을 것이다. 불행하고 절망에 빠진 것처럼 느끼려면 어깨를 늘어뜨리고 고개를 숙여야 한다.

자세는 감정에 영향을 주고, 기분에 따라 자세가 결정되기도 하는 등 이들은 서로 영향을 끼친다. 자신 있고, 기쁘고, 준비가 되었다면 신체 또한 그렇게 보이게 마련이다.

어깨와 고개의 위치에 따른 감정과 자세

자신감, 긍정적	긴장감, 부정적

어깨를 뒤로 젖힌다	어깨를 떨어뜨린다
고개를 든다	고개를 숙인다
미소 띤 얼굴	찡그린 얼굴
힘이 넘친다	기운이 없다
준비가 되어 있다	준비가 되지 않았다
나는 위대하다!	나는 형편없어!
그래, 난 할 수 있어!	아니, 난 못해!

위대한 인생!	김빠진 인생!

● 자연스럽게 움직여라 movement

커뮤니케이션에서 몸을 움직이는 것은 대단히 중요하다. 똑같은 자리에 가만히 서서 발표하면 지루하게 느껴진다. 신체를 움직이지 않으면 감정도 억제된다. 위치를 바꿔 여러 방향으로 움직이면 요점을 강조하는 데도 도움이 된다.

청중이 산만하게 느끼지 않는 한, 발표자의 움직임은 발표자의 말에 흥미를 더한다. 움직임의 정도를 미리 생각하고 여러 가지 움직임을 시도해 본다. 발표자가 이리저리 움직이면 청중은 발표자를 더 잘 볼 수 있을 뿐만 아니라 소리도 더 명확하게 들을 수 있다.

장소가 회의실같이 크지 않은 경우에는 탁자 주변을 걸어다니면 모든 사람들이 발표자를 볼 수 있다. 규칙적인 움직임은 호흡과 순환에도 도움이 된다. 움직임은 힘과 여유를 갖게 하여 사람들 앞에서 자신감을 높여준다.

프리젠테이션 도중에 볼펜이나 종이 등 물건을 바닥에 떨어뜨리는 경우가 있다. 이때, 청중은 떨어진 물건을 줍는 발표자의 자세를 보고 무의식적으로 발표자를 평가하게 된다.

발표자가 재빨리 몸을 웅크리고 물건을 집으면 청중은 발표자가 긴장하고 있다고 생각한다. 물건을 떨어뜨렸을 때에는 우아하게 몸을 구부려 되도록 여유 있게 천천히 물건을 집는 것이 좋다.

나이가 들면 행동이 느려져 엎드리고 다시 일어나는 데에만도 시간이 걸리는 법이다. 이런 경우에도 사람들은 무의식적으로 "자신감이 넘치는 태도"라고 생각하게 된다. 그러므로 프리젠테이션에서는 행동이 느린 것이 유리하다. 청중은 발표자의 느린 태도를 자신감으로 받아들인다.

청춘

청춘은 나이가 젊은 것이 아니라 마음이 젊은 것이다.

세월이 흘러서 늙는 것이 아니라 이상을 버렸기 때문에 늙는 것이다.

세월은 얼굴에 주름살을 남기지만, 열정을 버리면 영혼에 주름살이 생긴다.

염려, 의심, 불신, 공포, 절망이 푸르던 영혼을 재로 만든다.

믿음을 가지면 젊어지고 의심을 가지면 늙어지며,

자신감을 느끼면 젊어지고 공포를 느끼면 늙어지며

희망을 가지면 젊어지고 절망을 가지면 늙어진다.

- 작자미상 -

● 발표는 서서 하라 stand up

소형 회의실에서 열린 프리젠테이션의 경우, 앞의 발표자들이 모두 앉아서 진행했다면 혼자 일어서서 발표하는 것이 어려울 수도 있다. 그러나 발표는 어떤 경우라도 서서 하는 것이 효과적이다. 이런 때에는 다른 쪽에 놓여있는 자신의 서류 가방에서 물건을 꺼내기 위해 일어나는 것처럼 행동하면 된다.

또 다른 방법은 참석자에게 유인물을 나누어주기 위해 일어나는 것이다. 유인물을 나누어 준 다음에도 자리에 앉지 말고 서서 진행한다. 서 있는 자세라야 호흡도 더 깊이 할 수 있고, 목소리도 더 명료하게 들린다.

또한 키가 커 보이는 효과도 있다. 청중은 발표자를 내려다볼 때보다 올려다보게 될 때 더 열심히 듣는 경향이 있다.

> 하기 두려운 일을 시작하여 계속 해나가는 것 :
> 이것이 두려움을 가장 빠르고 확실하게 극복하는 방법이다.
>
> - 데일 카네기 -

서 있을 때의 바른 자세

- 고개를 약간 위로 든다.

- 턱을 앞으로 내민다.

- 뺨에서 공기를 들이마시고 숨을 내쉰다.

- 부드럽게 미소 짓는다.

- 맑고 반짝거리는 눈동자.

- 천천히 눈을 움직이되, 참가자 한 사람 한 사람과 시선을

  마주친다.

- 어깨는 뒤로 젖힌다.

- 가슴을 내밀고 배는 끌어당긴다.

- 두 손은 편안하게 내리고 절대로 주머니에 넣지 않는다.

- 무릎은 편안하게 하고 다리를 꼬지 않는다.

- 등을 곧게 펴고 구부리지 않는다.

- 남녀 모두 발을 조금 벌려 선다.

- 천천히, 깊게, 고르게 호흡한다.

● 청중의 보디 랭귀지를 분석하라
analyze the physical style of your audience

사람들은 제각기 다른 신체적 특징을 가지고 있다. 보디 랭귀지는 매우 복잡한 학문으로 이에 대한 서적만도 여러 개 나와 있다. 그러나 매일 만나는 친구나 동료의 행동이나 보디 랭귀지를 잘 관찰하면 많은 것을 배울 수 있다. 청중의 행동 패턴을 연구하는 것도 도움이 된다. 연습을 통해 비언어적 메시지를 식별하는 기술을 터득할 수 있다.

성공적인 커뮤니케이션 비밀의 하나는 청중과 똑같은 보디 랭귀지를 사용하는 것이다. 청중에 맞추어 움직임과 제스처를 조절한다. 느린 속도로 시작하여 청중에 맞도록 속도를 조절한다. 청중의 스타일과 기분을 파악할 때까지는 속도를 내지 않는다. 은행원, 의사, 회계사, 기술자는 진지한 편이어서 속도가 빠르지 않은 것을 선호하는 경향이 있다. 판매 및 마케팅부서 직원, 젊은 층은 속도감이 있고 움직임이 많은 프리젠테이션을 좋아한다. 자신보다 조금 더 열정적인 발표자에 대해 청중은 친밀감을 느끼게 된다.

커뮤니케이션 방법은 사람에 따라 달라진다. 일반적으로 커뮤니케이션의 근본 양식이 언어적인 사람들과 시각적인 사람들로 나뉘어진다. 언어적인 사람들은 말하고 듣는 방법을 선호한다. 이들은 소리로 생각한다. 시각적인 사람들은 이미지를 강조하며 복잡한 시각적 세부 묘사에 관심이 많다. 참석자 중에 어떤 타입이 더 많은가를 알아내어 커뮤니케이션의 접근방법을 조절하면 아주 효과적이다. 시각적인 사람이 많을 경우 프리젠테이션을 마치면서 읽을 만한 책을 추천해 주는 것은 매우 바람직하다.

듣는 청중(청각적)	읽는 청중(시각적)

청중의 특성 :	청중의 특성 :
시끄럽다 잘 흥분한다 잘 웃는다 외향적 적극적	조용하다 차분하다 표정이 심각하다 내성적 수동적

효과적인 커뮤니케이션 :	효과적인 커뮤니케이션 :
실제로 보여주기 극화 많이 움직인다 빠른 속도로 진행 자세한 정보는 피한다 손을 이용한 제스처 즐거움을 준다	논리적으로 설명 극화하지 않는다 움직이지 않는다 느린 속도로 진행 되도록 많은 정보를 준다 손을 사용하지 않는다 정보를 제공한다

● 긴장을 풀어라 handling nervousness

프리젠테이션 경험이 많은 발표자라도 때로는 긴장하는 경우가 있다. 프리젠터는 긴장감을 통제할 수 있어야 한다. 회사 행사나 결혼식에서 축배를 위한 인사말을 하게 되었다고 가정하자. 모든 사람이 보고 있는 앞에서 샴페인 잔을 들었는데 갑자기 손이 마구 떨리기 시작했다면 어떻게 할 것인가? 우선, 잔에 들어있는 것을 얼른 마셔버릴 수 있다. (물론, 가장 바람직하지 않은 행동이다) 두 번째는 안정될 때까지 기다리는 것인데 사람들을 언제까지나 기다리게 할 수는 없으니 이 또한 현실적인 방법은 아니다. 마지막은 잔을 가슴 가까이 가져가 몸에 대는 것이다. 사람들은 전혀 눈치를 채지 못하는 상태에서 멋지게 축사를 마무리한다. 인사말이 끝날 때쯤 잔을 가슴에서 떼어 우아하게, 이번에는 전혀 흔들림 없이 잔을 높이 들어 축배를 들면 된다.

손이 떨리기 시작할 때에는 잠시 청중이 손을 보지 못하도록 하는 것이 좋다. 등뒤에서 두 손을 잡고 있거나 옆구리 쪽으로 내려놓는다. 이때에도 주머니에 손을 넣어서는 안 된다. 청중은 발표자가 손을 어떻게 할 것인지 주시할 것이다. 천천히, 자연스럽게, 우아하게 손을 움직이면 자신감에 넘치는 발표자로 보일 것이다.

> 훌륭한 프리젠테이션은 청중에게 웃음을 주기도 하고,
> 울리기도 하고, 희망을 갖게도 한다.
> 그러나 절대로 절망감에 빠지게 하지는 않는다.

긴장할 때 나타나는 태도

- 주머니에 손을 넣는다.
- 눈을 자주 깜빡거린다.
- 청중에게 시선을 주지 않는다.
- 바닥을 본다.
- 다리를 떤다.
- 입술을 빨거나 깨문다.
- 이를 꽉 문다.
- 손가락을 까딱거린다.
- 손을 떤다.
- 주먹을 꽉 쥔다.
- 제스처가 조급하고 변덕스럽다.
- 손과 겨드랑이에 땀이 난다.
- 목소리가 갈라진다.
- 말이 빨라진다.
- 헛기침을 한다.
- 얼굴을 찌푸린다.
- 머리를 자주 매만진다.
- 반듯이 서지 않고 비스듬히 선다.
- 발가락을 까딱거린다.
- 입이 마른다.

4. 옷이 날개다

"옷이 날개"란 스위스 속담은 꼭 맞는 말이다. 옷은 사람을 변화시키며 발표자의 복장은 청중이 발표자를 평가하는 데 많은 영향을 준다. 발표자가 "적합한" 옷을 입었다면 훌륭한 발표자라고 짐작할 것이며, 평상복을 입고 나타났다면 가벼운 사람이라고 생각할 것이다.

복장에 대한 실험 중에 이런 것이 있다. 한 배우에게 회사 임원같이 보이도록 짙은 색깔의 정장을 입히고 값비싼 서류 가방을 들게 하여 사람들이 많이 다니는 거리에서 돈을 구걸하도록 하였다. 배우는 행인들에게 집에서 지갑을 잊고 나왔다며 버스 요금을 빌려달라고 말했다. 실업가처럼 보이는 사람들이 걸음을 멈추고 그의 설명을 듣고는 수 달러씩 건네 주었다. 택시를 타라고 하는 사람들까지 있었다. 그날 이 배우는 수백 달러를 벌었다.

다음날 실험에서 이 배우는 청바지에 점퍼를 입었다. 어제와 똑같은 자리에서 그는 지나가는 사람들에게 신문에 난 일자리에 전화를 한다면서 잔돈을 요구했다. 행인들의 반응은 어제와 달랐다. 사람들은 머뭇거리며 걸음을 멈추었다. 그들은 배우가 돈을 어디에 쓸 것인지 자꾸 물어보았다. 저녁 무렵 배우가 받은 돈은 20달러가 채 못 되었다.

3일째, 배우는 자신의 옷 중 가장 나쁜 옷을 입었다. 부랑아같이 보이는 모습이었다. 같은 거리에서 그는 모자를 내밀며 돈을 구걸했다. 거의 모든 사람들이 그를 본 척도 하지 않았다. 걸음을 멈춘 사람은 불과 몇 명밖에 되지 않았다.

똑같은 인물이 세 가지 다른 모습으로 변장한 것인데, 결과 또한 세

가지로 나타난 것이다. 이 실험은 사람들은 자신이 인식한 것을 그대로 현실로 인정한다는 것을 보여주고 있다. 형편없어 보이는 사람보다는 성공할 것같이 보이는 사람을 도와주게 되는 것이다. 이 실험이 시사하는 바는 발표자가 어떻게 보이고 어떤 복장을 하였느냐에 따라 프리젠테이션에 대한 청중의 반응이 달라진다는 것이다.

● 파워 프리젠테이션을 위한 옷 입는 법
how to dress for a power presentation

• 우선 청중의 스타일을 파악해야 한다. 청중과 다른 복장을 입는 것은 괜찮지만 적어도 청중이 발표자를 인정하기 전까지는 너무 튀어 보이지 않도록 주의한다. 일단 청중이 발표자의 탁월함을 인정하게 된 후에는 어떤 옷을 입어도 상관없다. 처음 대하는 청중일 때에는 첫인상이 중요하기 때문에 그들과 비슷한 복장을 하는 것이 바람직하다. 정장이든, 평상복이든, 스커트 정장이든, 바지 정장이든, 어쨌든 청중과 일치하는 것이 좋다.

• 청중의 복장보다 조금 더 수수하게 보이는 것이 좋다. 참가자 중 옷차림이 점잖아 보이는 사람들과 비슷하게 입으면 무리가 없을 것이다. 복장을 통해 친밀감과 신뢰감을 쌓는다는 것을 염두에 두어야 한다. 수수한 옷차림은 청중으로 하여금 발표자에 대해 진지한 태도를 취하게 한다. 너무 눈에 띄는 복장은 의심을 받는다. 청중으로부터 신뢰를 받거나 장기간에 걸친 프리젠테이션일 경우에

는 약간 편안한 복장을 해도 무방하다. 그러나 전문가처럼 보이도록 해야 한다. 색깔과 무늬가 잘 어울리는 것을 선택한다. 치장이 지나치면 좋지 않으며 어느 정도 개성을 살리면서도 상식적인 것이 가장 좋다.

• 언제나 옷차림이 깔끔하게 보이도록 주의를 기울여야 한다. 오래 입어도 더러워지지 않는 색깔과 구김이 안 가는 옷감을 택하는 것이 좋다. 식사할 때에는 특히 신경을 써서 프리젠테이션을 마칠 때까지 깨끗하고 깔끔한 옷차림을 유지하도록 한다.

• 사람들의 눈에 비쳐지고 싶은 대로 옷을 입는다. 최고경영자같이 보이고 싶다면, 최고경영자같이 입는다. 자신이 원하는 목표에 적합한 옷을 입으면 그 목표에 심리적으로 더 가까이 접근할 수 있다. 상관은 경영자같이 보이는 부하직원에게 더욱 의욕적이고 기회가 많은 일을 맡기게 된다.

• 날씬해 보이는 것 또한 중요하다. 날씬한 발표자에게 청중은 호감을 표시한다. 체격이 날씬해야 옷을 입어도 맵시가 난다. 날씬하지 않다면 살을 빼는 것도 고려해 볼 필요가 있다. 자신의 외모를 날씬하게 보이게 하는 색상, 소재, 스타일을 세심하게 고르는 안목이 필요하다. 옷은 몸에 적당히 맞는 것으로 한다. 너무 몸에 꼭 끼는 옷은 편안하지도 않을뿐더러 좋아 보이지도 않는다.
자신의 이미지와 조화를 이루는 복장을 선택한다. 예를 들면, 체구가 작은 여성 경영자는 너무 여성적이거나 화사한 옷은 피하는 것이 좋다. 짙고 강한 색상의 단정한 디자인의 옷을 고르면 신뢰감이 더욱 커질 것이다.

반대로 "엄격하고 사무적인" 이미지를 가지고 있는 여성이라면 여성적인 소재와 액세서리를 이용하여 부드러운 외모로 가꾸는 것이 좋다.

때로는 너무 어려 보이는 것이 문제가 될 수도 있다. 보다 성숙한 이미지를 원할 때에는 강렬하고 짙은 색상을 선택한다.

• 만약 의상을 하나밖에 갖출 수 없다면 군청색이 제일 무난하다. 군청색은 신뢰감을 주는 색이다. 전문가답고 성공한 사람처럼 보이며, 아무 때에나 어울리고 자신감도 있어 보인다.

• 셔츠와 블라우스는 언제나 흰색이 가장 좋다. 흰색은 순수와 신뢰성을 상징한다. 옅은 청색이나 베이지 또한 무난하다. 줄무늬나 무늬가 있는 것은 약간 튀어보이기는 하지만 스타일에 변화를 줄 수 있다.

• 구두 또한 짙은 색이 가장 좋다. 짙은 색깔은 전문가에 의하면 현실적인 성격을 나타낸다. 밤색 구두는 밤색 의상 이외에는 어울리지 않는다. 흰색, 회색, 스웨이드 구두는 피하는 것이 좋다.

• 유행을 너무 의식하는 것으로 보이는 것도 좋지 않다. 다른 사람

의 시선을 많이 의식하고 독립성이 덜한 사람으로 비춰질 수 있다. 유행은 자주 바뀌는 법이다. 이를 따라가려면 많은 돈을 투자해야 한다. 보편적이고 유행을 타지 않는 의상에 투자하는 것이 훨씬 효과적이며, 이것으로도 개성적으로 보일 수 있는 방법이 얼마든지 있다.

• 프리젠테이션을 시작할 때는 상의의 단추를 채운다. 강의를 진행하면서 천천히 단추를 푼다. 이 작은 제스처로 청중에 대한 발표자의 자세를 표현할 수 있다. 이는 보다 적극적인 커뮤니케이션을 할 준비가 되어 있음을 알리는 것이다.

• 장신구, 액세서리, 볼펜 같은 물품에 주의를 기울인다. 이런 물품은 청중의 주의를 흐트러뜨리기 쉽다. 앞에서도 언급했지만 불필요한 물건은 주머니에서 모두 빼서 서류 가방이나 지갑에 보관하는 것이 좋다. 열쇠, 지갑, 계산기, 속기용 녹음기 등 부피 있는 물건은 주머니에 넣지 않는다.

• 향수는 향이 은은한 것으로 조금만 사용할 때 프리젠테이션의 효과를 높일 수 있다. 10~20명 규모의 프리젠테이션에서 근사한 향수를 사용하면 청중은 발표자의 안목에 감탄하게 될 것이다. 자신이 좋아하는 향이 청중의 신뢰감을 높이는 데 도움이 된다면 언제든지 사용해도 좋다.

• 복장에서 무엇보다도 중요한 것은 편안하고 자신감을 주는 옷차림이다. 복장을 통해 발표자가 자신의 일, 즉 프리젠테이션에 신경을 쓰고 있다는 것을 보여주어야 한다. 스스로 느끼는 모습이 바로 자신의 모습이다. 자신이 바라는 대로 확신에 차 있고, 자신감 있으며, 확고하고, 준비된 모습으로 보이도록 노력한다.

• 서류 가방이 얇을수록 지위가 높다고 생각하는 사람들이 많은 모양인데, 꼭 그렇지만은 않다. 색은 짙은 것이 더 낫다. 반짝거리거나 화려한 색상은 피한다. 가방 안에는 반드시 프리젠테이션 자료만을 담아야 한다.

• 상의나 셔츠에 볼펜이나 만년필이 삐죽이 튀어나오지 않도록 주의한다. 싸구려 볼펜은 사무실이나 집에서 사용하고, 프리젠테이션에서는 사용하지 않도록 한다: 고급 필기구가 좋으나 검정색으로 광택이 나지 않는다면 어느 것이나 괜찮다.

• 안경을 쓰면 보다 지적이고 학구적으로 보인다. 그러나 눈이 나쁘지 않은데도 굳이 안경을 준비할 필요는 없다. 안경을 쓸 경우에도 중요한 말을 할 때나 청중과 친밀감을 나타내고 싶을 때에는 안경을 벗는 것이 좋다.

• 일부러 롤렉스 시계를 살 필요는 없지만, 싸구려 디지털 시계 또한 바람직하지 않다. 오래된 시계라면 새 줄로 교체하여 깨끗한

인상을 주도록 한다. 문자판은 간단한 것일수록, 시계는 얇을수록
더 좋아 보인다.

파워 프리젠테이션에 적합한 복장

- 전문가로부터 의상에 대한 컨설팅을 받는다.

- 청중과 비슷한 수준의 옷차림

- 너무 꼭 끼는 옷은 피한다.

- 짙은 색 정장이 가장 무난하다.

- 흰색 셔츠나 블라우스

- 붉은색 타이나 스카프

- 깨끗이 윤을 낸 검정 구두(남자는 단화, 일반적이고 수수한 스타일)

- 보석은 극히 조금만 눈에 띄지 않게 착용한다.

- 향수는 은은하게 조금만 사용한다.

- 검정색 고급 필기구

요약

파워 프리젠테이션을 위한 보디 랭귀지

- 몸매에 자신감을 갖는다. 약간 과체중이라도 자신감 있게 행동한다.

- 허리를 꼿꼿이 세운다. 어깨를 구부리지 않는다.

- 자신의 옷 중에서 가장 좋은 것을 입는다.

- 천천히, 침착하고 우아하게 움직인다.

- 청중이 보는 앞에서 절대로 서두르지 않는다.

- 어깨를 뒤로 젖히고, 가슴을 내밀고, 턱을 들고, 미소를 짓는다.

5

파워 프리젠테이션의 셋째 요소 :

시청각 도구

"인간은 모두 인생이란 무대에 잠깐 등장했다
사라지는 엑스트라일 뿐. 주연은 오직 한 사람.

– 셰익스피어 –"

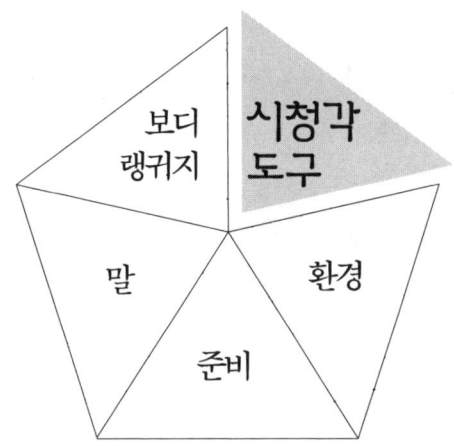

중국 속담에 "백문이 불여일견(百聞而 不如一見)"이라는 말이 있는데, 실물을 한 번 보는 것이 백 번 듣는 것보다 낫다는 말이다. 프리젠테이션은 말과 목소리뿐만 아니라 다양한 시각 자료, 움직임, 청중과의 신체적 상호작용으로 이루어진다. 적절한 시청각 도구를 사용하면 보다 효과적인 커뮤니케이션이 이루어진다. 시각 자료와 다양한 도구로 발표 내용을 보강할 때, 청중은 프리젠테이션의 내용을 보다 쉽게 이해하고 오랫동안 기억할 수 있게 된다.

1. 강연대와 연단

강연대는 상단이 비스듬하게 되어 있는 탁자로 프리젠테이션에서 원고를 낭독할 때 사용한다. 앞쪽 가운데 또는 헤드 테이블의 끝에 놓는다.

연단은 바닥보다 약간 높은 단으로서 프리젠테이션을 할 때 발표자가 서는 곳이다. 발표자의 키가 작을 때, 또는 의자가 세 줄이 넘을 때에는 연단이 있어야만 뒤쪽에 앉은 청중도 발표자를 확실히 볼 수 있다. 연단 위에 서서 말하면 목소리가 명료하게 들리는 효과도 있다.

연단보다 더 큰 것으로 공식만찬 등에서 헤드 테이블을 올려놓는 단도 있다.

강연대는 원고를 올려놓을 수 있으므로 편리하기는 하지만, 발표자의 몸이 가려지므로 발표자가 보디 랭귀지를 효과적으로 구사할 수 없다는 단점이 있다. 원고를 읽는 것이 바람직하지 않은 것과 마찬가지로 강연대 또한 될 수 있으면 사용하지 않는 것이 좋다. 원고는 미리 준비한 연설을 낭독할 때나 외국어로 프리젠테이션을 진행해야 할 때만 필요하다. 램프와 마이크가 달려있는 강연대가 편리하다.

강연대의 효과는 격식을 갖추었다는 느낌을 준다는 것이다. 공식적인 프리젠테이션이나, 상황과 청중을 감안하여 의례를 갖추어야 할 때는 강연대를 사용하는 것이 좋다. 이런 경우에도 시작과 끝맺음만 강연대에 서서 하는 것이 좋다. 발표자의 몸이 드러나고 보디 랭귀지를 자유롭게 구사할 때 프리젠테이션의 효과가 커지기 때문이다.

강연대 사용에서 주의할 점은 강연대 모서리를 손으로 잡지 않도록 하는 것이다. 발표자가 강연대 모서리를 움켜쥐면 청중은 발표자가 긴장하고 있다는 느낌을 갖게 되며, 보디 랭귀지도 자유롭게 구사할 수 없다. 그러나 적절히 이를 이용하면 강조에 효과적일 수도 있다. 즉, 중요한 요점을 강조하고자 할 때 한두 차례 강연대 모서리를 가볍게

잡고 청중에게 약간 몸을 숙인 자세로 말하면 된다.

강연대 없이 편안하게 말하는 법을 연습한다. 강연대가 있을 경우에는 원고를 놓아두는 용도로만 사용하는 것이 좋다. 강연대 뒤에 몸을 숨길 경우, 프리젠테이션의 효과와 강도가 떨어진다.

강연대는 될수록 사용하지 않는 것이 좋지만, 악보대는 필요할 경우 사용해도 무방하다. 대부분의 호텔은 악보대를 비치하고 있다. 악보대의 장점은 강연대보다 눈에 덜 거슬리며, 작기 때문에 손을 올려놓을 염려가 없다는 것이다. 참석자들 또한 발표자를 똑똑히 볼 수 있다. 원고를 활용해야 하는 프리젠테이션에서 악보대를 사용하면 발표자는 원고를 마음대로 볼 수 있는 동시에 몸을 자유롭게 움직일 수 있다.

2. 마이크

프리젠테이션에서 필수적인 것은 발표자의 말이 청중에게 똑똑히 들려야 한다는 것이다. 청중이 많을 때에는 마이크가 필요하다. 따라서 마이크 사용이 편안하게 느껴지도록 사전에 연습하는 것이 중요하다. 마이크를 켜고 끄는 연습을 빠뜨리지 않도록 한다. 마이크에서 가장 흔히 일어나는 문제가 바로 이것이다. 음향기기가 작동되지 않는다고 당황하는 발표자를 자주 보는데, 마이크를 켜지 않은 경우가 대부분이다.

프리젠테이션을 시작하기 전에 입에서 5~7cm 정도 떨어진 위치에 마이크를 적당한 높이로 고정시켜 놓는다. 말하는 도중에 마이크의 위치를 바꾸어야 할 때에는 먼저 스위치를 끄고 마이크를 옮겨놓은 다음에 다시 켜는 것이 좋다. 이렇게 하면 신경을 거슬리게 하는 소음이 나지 않는다. 음향시스템 담당자를 사전에 알아놓고, 스피커의 음향조절 스위치의 위치도 확인해 둔다. 안전을 기하기 위해 스피커 소리의 일부가 마이크를 통하여 반복적으로 울리는 피드백 현상이 나타나는 경우에 스위치를 끌 사람을 미리 정해 놓는다.

피드백은 마이크 사용 때 나타나는 전형적인 문제로, 다음과 같은 이유로 일어난다.

- 발표자가 마이크에 너무 가까이 서 있을 때
- 다른 마이크, 혹은 전기, 전자 기자재가 가까이 있을 때
- 손에 쥐는 마이크의 경우 음향기기의 스피커와 너무 가깝게 사용할 때, 특히 스피커가 머리 위에 있을 때 스피커에서 나오는 발표자의 목소리가 마이크에 포착되어 다시 커진다. 스피커에서 거리를 떨어뜨리면 피드백 현상이 사라진다.

마이크 사용에서 중요한 것은 마이크와 입의 거리를 정확히 맞추는 것이다. 특정 문장이나 단어를 가장 듣기 좋은 소리가 날 때까지 반복하면서 거리를 조정한다. 특히 자음의 경우, 마이크를 너무 가까이 대고 말하면 시끄러운 소리가 난다. "ㅍ"과 "ㅌ" 등 파열음이 들어가는 단어로 시험한다.

수백 명이 모여 있는 야외에서는 마이크로 증폭된 목소리가 메아리 치는 현상이 나타난다. 메아리가 실제 육성보다 조금 늦게 들리기 때

문에 이런 때에는 스피커에서 나오는 소리보다 자신의 육성에 집중하
는 것이 편하다.

마이크를 제대로 테스트하지 않거나 사전에 제대로 조정하지 않아서
마이크에 문제가 생기는 경우도 있다. 이런 때를 대비하여 간단한 말을
준비해두면 청중이나 발표자 자신의 긴장을 풀 수 있다. 예를 들면:

"마이크가 놀러 다니는 계절인지 미처 몰랐습니다."

"일이 잘 안 풀릴수록, 저는 더 자신감이 생기거든요."

"모든 준비를 완벽하게 한다고 했습니다만, 이것이 빠졌군요."

● 마이크의 종류

- 목걸이형
- 클립형 : 옷깃에 클립처럼 끼우는 형태로 방송국에서 많이 사용됨.
- 스탠드형 : 사용하기 전에 높이를 반드시 조절할 것.
- 탁자형 : 토론회, 좌담회에서 사용(마이크 켜는 것을 잊지 말 것).
- 손에 드는 형 : 손을 바꿔 드는 연습을 한다.

3. 시각 자료

커뮤니케이션에서 비언어적 요소의 영향력이 대단히 크므로 시각
자료는 프리젠테이션에 있어서 필수적인 도구가 되었다. 시각 자료가

기억력에 미치는 효과에 대한 조사를 보면 이것이 발표 내용을 보강하는데 아주 효과적이라는 것을 알 수 있다.

시각 자료가 기억력에 미치는 효과

	3시간 후	3일 후
말	70%	10%
시각 자료	72%	20%
말 ➕ 시각 자료	85%	65%

● 학습방법

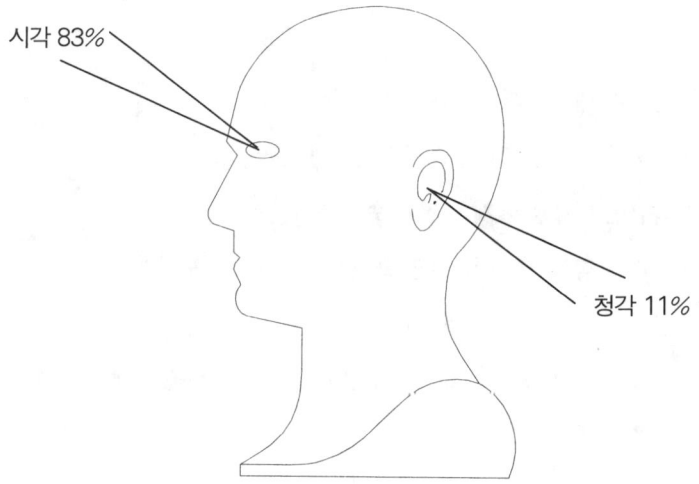

시각 83%

청각 11%

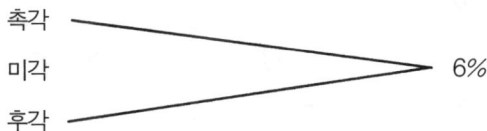

촉각

미각   6%

후각

시각 자료의 장점

- 말보다 내용 전달이 더 빠르다.
- 청중의 관심을 불러일으켜 집중하게 만든다.
- 복잡한 내용을 쉽게 설명할 수 있다.
- 보다 조직적이고 전문적인 프리젠테이션으로 보이게 한다.
- 공식적인 회의에 적합하다.
- 말로 발표한 내용을 보강하여 청중이 발표 내용을 이해하는 데 도움이 된다.
- 딱딱하고 무거운 발표에 재미와 변화를 준다.
- 청중이 시각 자료에 집중하게 되어 발표자의 긴장감을 덜어준다.
- 언어의 장벽을 뛰어넘기 때문에 국적과 문화가 다른 청중을 대상으로 할 때 요긴하다.
- 논란의 여지가 있는 주제를 다룰 경우, 서로 다른 의견과 견해를 명확히 하는 데 도움이 된다.
- 주요 요점이 나와 있어 발표자가 할 말을 잊었을 때 기억을 상기시켜 준다.
- 반복하여 사용할 수 있으므로 다음 프리젠테이션의 준비시간이 줄어든다.

● 효과적인 시각 자료 만들기 special hints for power presentation visuals

시각 자료 한 면에 너무 많은 정보를 담지 않도록 주의한다. 단어는 특히 신중하게 선택해야 하며 단어 수는 적을수록 더 효과적이다. 대형 옥외광고도 단어가 다섯 개 정도일 때 최고 효과를 낸다. 긴 문장보다는 짧게 요약된 것이 읽기 쉽다. 요점은 번호를 매기고 제목에 밑줄을 그어주면 일목요연하다.

시각 자료에는 반드시 전달할 내용이 있어야 한다. 발표 내용과 관련이 없거나 꼭 필요하지도 않은 시각 자료를 사용하는 것은 절대로 피해야 한다. 시각 자료는 적을수록 좋으며 시각 자료가 내용에 보탬이 안 된다면 아무리 멋지게 보이더라도 과감히 뺀다.

자주 쓰는 인용문, 그림, 통계표는 보기 좋게 OHP 필름이나 슬라이드로 준비하면 효율적으로 사용할 수 있다. 컬러를 넣으면 청중의 관심을 쉽게 끌 수 있다.

● 시각 자료의 설명 explain the visual

시각 자료를 사용하는 중에도 발표자는 청중에게 계속 시선을 주어야 한다. 스크린이나 플립 차트만을 보면서 말을 하지 않도록 주의한다. 자신의 뒷모습에 아무리 자신이 있는 발표자라 하더라도 청중에게 등을 보이고 말하는 것은 피해야 한다.

청중이 많을 경우에는 모든 사람이 시각 자료의 내용을 확인할 수 있도록 큰소리로 한 번 읽어준다. 눈이 나쁘거나 뒤에 앉아 잘 보이지 않는 경우도 있으니, 모든 참석자가 쉽게 시각 자료를 읽을 수 있을 것이라고 속단하지 말자.

4. 컴퓨터를 이용한 시각 자료

컴퓨터의 대중화와 놀라운 발전 속도는 프리젠테이션에 엄청난 영향을 미치고 있다. 간단한 플립 차트에서 손으로 쓴 오버헤드 프로젝터 필름이 동영상과 음향까지 나오는 컴퓨터로 빠르게 대치되고 있다.

컴퓨터 시각 자료의 장점은 만들기 편리하고 쉽게 자료를 수정할 수 있다는 것이다. 특히, 가장 최근의 자료를 발표할 경우 프리젠테이션 바로 직전에도 수정이 가능하기 때문에 매우 편리하게 이용할 수 있다.

그러나 주의할 것이 있다. 아무리 훌륭한 기술이라 하더라도 제대로 사용하지 못하면 명료하고 효과적인 커뮤니케이션이 목적인 프리젠테이션을 망칠 수도 있다.

● 하드웨어와 소프트웨어의 사용법을 철저히 익힌다
fully understand how to use hardware and software

컴퓨터를 이용하면 전문적인 시각 자료를 쉽고 빠르게 만들 수 있다. 전문 소프트웨어를 사용하면 다양한 서체와 컬러, 멋진 그래픽으로 아주 인상적인 시각 자료를 손쉽게 만들 수 있다. 그러나 지나치게 현란하지 않도록 조심해야 한다.

프리젠테이션 소프트웨어로는 마이크로소프트 파워포인트(Microsoft PowerPoint)가 가장 많이 쓰이고 있으며, 이밖에 하버드 그래픽스 (Harvard Graphics)와 로터스 프리랜스(Lotus Freelance), 코렐 프레젠트 (Corel Present) 등이 있다. 프리젠테이션 소프트웨어는 소프트웨어 사이에 포맷이 호환되지 않는 경우가 대부분이며, 버전이 다른 경우에도 글자나 선, 그림 등에 미묘한 차이가 나는 경우가 많으므로 이를 염두에 두고 소프트웨어를 결정해야 한다.

소프트웨어와 하드웨어가 항상 호환되는 것은 아니다. 가능한 한 발표자의 노트북 컴퓨터를 이용하는 것이 좋다. 충분한 시간 여유를 가지고 리허설을 하여 문제가 생길 경우 대비할 수 있도록 한다.

컴퓨터 자료를 스크린에 투사하려면 LCD(liquid crystal display; 액정 표시) 프로젝터나 빔 프로젝터(beam projector)를 사용해야 한다. LCD 프로젝터를 이용하는 경우에는 발표자 자신의 노트북 컴퓨터를 이용할 수 있다면 큰 문제가 없지만 파일만을 가져갈 때에는 발표 장소에서 사용되고 있는 소프트웨어를 확인해야 한다.

LCD 프로젝터를 이용하면 프리젠테이션에 여러 가지 효과를 줄 수 있다. 음향 효과와 동영상도 가능하며 글자와 그림을 순차적으로 나오게 할 수도 있다. 특히, 동영상이나 음향 자료가 많은 경우, 인터넷 사이트로 이동하거나 다른 프로그램을 보여주는 등 하이퍼링크를 많이 사용하는 경우에는 LCD 프로젝터를 사용하는 것이 필수적이다.

반면, LCD 프로젝터의 단점은 아직 보편화되어 있지 않기 때문에 발표 장소에 제약이 있다는 것이다. 최근에는 기기가 소형화하고 가격도 낮아져 노트북 컴퓨터같이 개인적인 용도로 사용되는 추세이다.

프리젠테이션에서 컴퓨터를 이용할 경우에는 반드시 하드웨어, 소프트웨어 양쪽 모두를 자유롭게 구사할 수 있어야 한다. 컴퓨터 시동에서부터 LCD 및 빔 프로젝터 작동까지 모든 작동법을 익혀야 한다. 작동법이 익숙치 않을 때에는 사용하지 않는 것이 좋다. 전문적으로 보이려다가 낭패를 보는 경우가 종종 있다.

● 시스템 고장에 대한 준비 preparation for system trouble

시스템에 문제가 생길 경우에 대비하여 비상 대책을 마련한다. 예를 들면, 컴퓨터 자료를 OHP 자료로 제작하여 대체 자료로 한 세트 준비해 놓는 것이 좋다. 시스템 고장이 발생할 경우를 대비하여 시간 계획에 수리 시간을 배정해 놓는다. 1시간짜리 프리젠테이션이라면 2~3분 정도를 할애하면 된다. 너무 많은 시간을 지체하면 청중이 관심을 잃는 수가 있다. 배정된 시간 안에 해결되지 않을 때에는 대체 자료를 이용하여 진행한다.

● 청중의 규모 scale of audience

참석자가 아주 적은 소그룹 회의에서는 프로젝터를 사용하지 않고 발표자가 직접 컴퓨터를 조작하면서 모니터 상에서 자료를 보여줄 수 있다. 이때는 참석자 전원이 모니터 스크린을 볼 수 있도록 충분한 크기의 모니터를 준비해야 한다.

참석자가 많을 때에는 LCD 프로젝터나 빔 프로젝터를 사용해야 한다. LCD 프로젝터가 일반적으로 널리 쓰이고 있다. 스크린 대신 화이트 보드를 사용하면 해상도가 떨어진다.

발표자 본인이 컴퓨터를 조작할 것인지 아니면 보조자를 쓸 것인지를 결정한다. 보조자를 둘 때에는 프리젠테이션 내용과 하드웨어 및 소프트웨어에 익숙한 사람으로 정한다. 발표자가 컴퓨터를 조작할 때에는 청중과 시선을 교환할 수 있는 환경을 조성해야 한다. 나지막한 카트를 따로 준비하여 컴퓨터와 프로젝터를 설치하면 청중을 자유롭게 볼 수 있다. 이때 키보드나 마우스를 제대로 사용할 수 있도록 배치에 신경을 써야 한다.

● 컴퓨터 자료 제작 visual data prodution on computer

컴퓨터 자료를 만들 때에는 OHP 자료나 슬라이드 등 다른 시각 자료를 만들 때와 같은 원칙을 적용한다. 적은 내용을 담을수록 효과적이다. 간단하면서도 세련된 그래픽을 사용한다. 무엇보다도 중요한 것은 읽을 수 있어야 한다는 것이다. 아무리 멋진 자료라 하더라도 청중이 볼 수 없고 이해할 수 없다면 아무 소용이 없다.

- 제목과 본문에 다른 서체를 사용한다.
- 색은 3가지 이내로 한다.
- 영어의 경우에는 대소문자로 표기한다.
- 전체 자료에 일관성이 있어야 한다.
- 멀리에서도 볼 수 있도록 큰 서체를 사용한다.

- 행간을 적절히 띄운다.
- 그래프와 차트는 반드시 제목을 표기한다.

5. 유인물

복사물이나 인쇄물은 가장 기초적인 시각 자료로서 언어로 전달한 메시지를 지원해 준다. 말로 된 설명 외에도 그림, 그래프, 차트, 리스트, 사진 등 다양한 내용을 담을 수 있다. 흔히 유인물은 발표 내용을 요약하는 데 사용한다. 유인물의 가치는 영속성에 있다. 참석자는 프리젠테이션 후에도 자료를 보관할 수 있으며 나중에 다시 읽어볼 수도 있다. 유인물은 세련된 모습을 갖추는 것이 좋다. 말은 시간이 지나면 잊혀지지만, 인쇄물에 남은 실수는 고칠 수 없기 때문이다. 깔끔한 서체를 선택하고 문법과 철자법이 완벽하도록 주의하여야 한다.

유인물은 적당하게 줄을 띄어 쉽게 읽을 수 있도록 한다. 깨끗한 인쇄물이 나오도록 확인하는 것도 중요하다. 백지 대신 연한 색깔의 종이를 사용하면 유인물이 더 돋보이며 흔해 보이지 않아 좋다.

● 유인물 배포 시기 when to distribute your handouts

발표자가 내용을 설명할 때 청중이 따라서 유인물을 읽어야 하는 상황이 아니라면, 프리젠테이션을 시작하기 전에 유인물을 나누어주는 것은 바람직하지 않다. 유인물로 인해 청중의 관심이 발표자에게서 떠

나갈 수 있기 때문이다. 발표가 끝난 후에 유인물로 내용을 보충하도록 하는 것이 좋다. OHP 필름이나 슬라이드의 복사물도 프리젠테이션이 끝난 후에 나누어준다. 이들 시각 자료를 보여줄 때 나중에 복사물을 나누어줄 것이라고 말해준다.

그러나 유인물의 배포에 관한 한 일관된 법칙은 없다. 프리젠테이션을 시작하면서 요지가 적힌 인쇄물을 나누어주어 청중이 함께 읽도록 할 수도 있다. 또, 요점을 말로 설명한 후에 이를 시각 자료로 보여주고, 다시 구체적인 내용이 담긴 인쇄물을 나중에 나누어줄 수도 있다.

유인물은 청중의 관심을 분산시킬 수 있으므로 주의해서 사용해야 한다. 프리젠테이션 도중에 나누어줄 경우에는 신속하게 나누어주도록 한다. 미리 페이지 순서대로 정리하여 놓고, 배포할 때에는 여러 군데에서 동시에 나누어주도록 한다.

유인물을 나누어주면서 "모자라지 않아야 되는데 …"라고 말하는 것도 요령이다. 이 말은 자료의 가치를 높여준다. 자료가 모자라는 것처럼 보이면 누구나 더 갖고 싶어하게 마련이다.

유인물을 배포한 후에는 특히 주의하여 읽을 부분이 어디인지를 설명하여 청중이 가장 중요한 정보에 초점을 맞출 수 있도록 도와준다.

● 유인물 제본 presentation workbooks

유인물이 여러 장이거나 활용도가 높을 경우에는 제본하는 것이 좋다. 이때 회사나 단체의 로고가 인쇄된 커버를 사용하면 더욱 효과적이다.

제본된 유인물은 전문적인 인상을 준다. 제본된 유인물의 단점은 내용을 확인하기 위해 청중이 책장을 넘기느라 산만해질 수 있다는 것이다. 미리 책장을 넘기지 말라고 주의시키는 것이 좋으며, 주의를 어길 때에는 벌금을 물리겠다고 엄포를 놓으면 재미도 있고 효과적이기도 하다. 깔끔하게 제본된 유인물은 프리젠테이션 후에도 잘 버리지 않게 된다는 장점이 있다. 나중에 내용을 검토하기도 쉽다.

● 필기 encourage notetaking

학습에서 필수적인 요소 중 하나는 규칙적으로 반복하는 것이다. 프리젠테이션 도중 자주 참석자에게 필기할 것을 요구하는 것이 좋다. 청중은 자신이 메모한 주요 단어와 간단한 설명으로 프리젠테이션의 내용을 쉽게 그리고 오랫동안 기억하게 될 것이다. 프리젠테이션을 시작할 때, 발표자가 말하는 내용을 메모하라고 요청하면 청중은 발표 내용에 더 많은 주의를 기울이게 된다. 유인물을 보면서 설명할 때에는 중요한 부분에 밑줄을 긋거나, 동그라미를 치라고 말하는 것도 효과적이다.

● 자료의 교정 proofread your material

유인물이나 시각 자료는, 특히 숫자가 많을 때에는 정확을 기하기 위해 여러 번 교정 작업을 해야 한다. 다른 시각 자료와 마찬가지로 유인물에서 오자나 탈자가 발견될 경우 준비에 성의가 부족하다고 인식

되고, 발표 내용에 대한 신뢰성을 떨어뜨릴 수 있다. 특히, 유인물은 청중이 보관하는 것이므로 더욱 주의를 요한다. 자신이 작성한 것을 정확하게 교정하는 일이 쉽지 않으므로 다른 사람으로 하여금 교정을 보게 하는 것이 더욱 효과적이다.

시각 자료를 준비할 때에는 철저한 교정을 거쳐야 한다. 미리 완벽하게 준비해 놓으면 문제가 줄어들고, 발표자가 당황하는 일도 줄어든다.

유인물의 종류와 배포 시기

종류	배포 시기
백지(메모지)	프리젠테이션 시작 전
주요 단어	프리젠테이션 시작
도표, 인용문, 문제	중간, 혹은 후반부
팜플렛, 주문서	끝날 무렵
자세한 내용	종료 후
참고자료, 읽을 거리	종료 후

6. 오버헤드 프로젝터 자료

오버헤드 프로젝터(OHP)는 투명한 플라스틱 필름에 작성한 자료를 스크린에 나타내는 일종의 환등기로서 프리젠테이션에서 많이 사용되고 있다. OHP의 장점은 다른 프로젝터와 달리 조명을 끄지 않고도 사용할 수 있다는 것이다. 내용에 따라 적시에 자료를 보여줄 수 있도록 연습한다. 자료에 대한 설명이 끝나면 프로젝터를 일단 끄고, 다음번 자료를 사용하는 시점에 자료를 올려놓고 다시 켜야 한다.

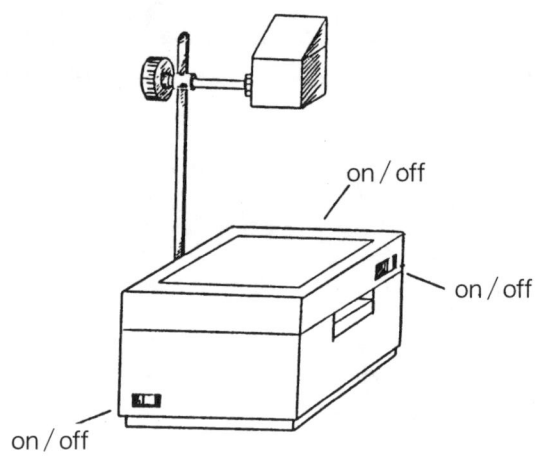

프로젝터를 껐다 켰다하는 대신 프로젝터의 자료대 크기에 맞는 두꺼운 종이를 사용하여 빛을 차단하는 방법도 있다. 프로젝터가 켜있는 상태에서 필름을 치우면 청중의 눈을 상하게 할 뿐만 아니라, 매우 서툰 발표자로 보인다.

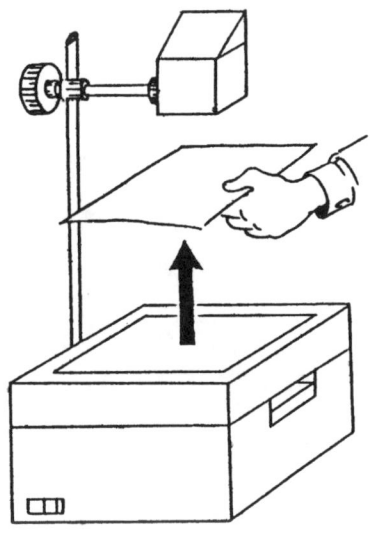

● 너무 많은 정보를 담지 않는다 one message only

OHP 필름을 비롯한 모든 시각 자료는 청중 모두에게 보일 수 있도록 글자가 적당히 커야 한다. 글자가 작으면 청중은 말에만 의존하게 되므로 시각 자료를 사용하는 효과가 반감된다. 특히, 한 면에 너무 많은 정보를 담는 것은 좋지 않다. 글씨나 표가 너무 작아 잘 보이지 않을 때에는 발표 효과가 크게 떨어진다. 완전한 문장이나 수치, 표 등이 특히 중요할 경우에는 별도의 유인물을 제공하는 것이 바람직하다. 너무 많은 정보는 청중에게 혼란을 주기 쉽다.

OHP 자료는 복사기, 잉크 제트 프린터(ink jet printer), 레이저 프린터 (laser printer) 등으로 제작할 수 있는데, 각 기기에 맞는 필름을 사용해야 한다. 물론, 마커를 이용하여 필름에 직접 쓸 수도 있으나 비전문가처럼 보인다.

자료 하나는 6줄이 넘지 않도록 하고, 한 줄에는 6단어 이상을 쓰지 않는다. 핵심 사항만을 간단하게 요약하여 적는다. 내용이 적을수록 효과적이며 문장 전체를 그대로 적어야 할 때에는 유인물을 나누어주는 편이 효과적이다.

영어라면 대문자로만 쓰는 것보다 대소문자를 섞어 쓰는 편이 더 읽기 편하다. 세로 쓰기는 읽기 어려우므로 피하고 주황, 노랑보다는 검정, 빨강, 청색, 녹색 등 짙은 색을 사용하여 멀리에서도 잘 보이도록 한다. 대조되는 내용에는 다른 색깔과 서체를 쓴다.

바탕색을 청색이나 검정으로 하고 글씨를 노랑이나 흰색으로 하면 효과적인 자료를 만들 수 있다.

● 프레임을 메모 공간으로 활용하라
write notes on the border of your overhead transparencies

기억하기 어려운 세세한 내용은 투시물의 프레임에 메모하여 놓으면 편리하다. 참석자들은 OHP 필름을 직접 볼 수 없으므로 메모가 되어 있는 것을 눈치채지 못한다. 이름, 날짜, 숫자 등 굳이 외울 필요가 없는 내용을 메모하도록 한다.

● 스크린 조정 alighing your overhead transparencies on the screen

　스크린에 확대된 투시물의 영상이 반듯하게 보이도록 스크린을 조정해야 한다. 때로는 위아래가 다른 크기로 보이는 수가 있다. 이때는 스크린을 앞뒤로 조금 숙이면 쉽게 조정된다. 위가 아래보다 클 경우에는 프로젝터 쪽으로 스크린을 숙이고, 아래가 더 크면 프로젝터 반대쪽으로 스크린을 숙인다. 벽에 부착된 스크린에 투사할 때에는 렌즈의 각도로 조정한다.

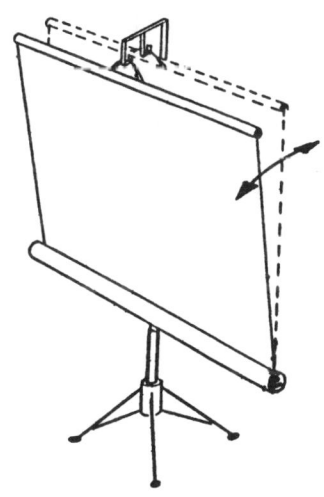

● 한번에 다 보여주지 않는다 do not show them everything at once

유인물과 마찬가지로 OHP 자료도 내용을 설명하는 단계에서 보여

주는 것이 효과적이다. 자료 전체를 보여주지 말고 필요한 부분만을
보여준다. 보여주고 싶은 부분만을 남기고 A4 용지로 필름을 가리면
된다. 프로젝터 가까이에 서 있는 발표자는 용지를 통해 가린 부분도
확실히 읽을 수 있지만 청중은 가려지지 않은 부분만을 볼 수 있다. 이
런 식으로 한 항목씩 설명해 나가는 것이 효과적이다.

● OHP용 수성펜 erasable overhead pens

OHP 자료를 설명하는 중 첨부해야 할 내용아 생겼을 때에는 아세
테이트 필름을 투시물 위에 놓고 그 위에 적거나 수성펜을 사용한다.
매직펜이나 형광펜은 글씨가 지워지지 않기 때문에 OHP 자료를 재사
용할 수 없게 된다. 때로는 치명적인 실수를 할 수도 있으므로 수성펜
에 반드시 표시를 해두는 것이 좋다. 안전을 기하기 위해 OHP를 사용
할 때에는 수성펜이 아닌 다른 마커는 아예 치워두는 것이 좋다.

● 정리 organize

OHP 자료를 여러 장 보여줄 때에는 앞으로 보여주어야 할 자료와
이미 보여준 자료를 따로따로 놓는 것이 편리하다. 이미 보여준 자료
를 프로젝터에서 멀리 놓는 것이 편리하다.

● 글씨 연습 practice your handwriting

프리젠테이션 중에 글씨를 쓰면서 설명해야 하는 경우도 있다. 이때에는 미리 여러 번 글씨를 연습하여 깨끗하고 깔끔하게 쓸 수 있도록 해야 한다. 지저분한 글씨는 청중을 산만하게 만들 수 있다. 글씨 연습을 하면 글씨를 쓰는 동안에 덜 긴장되어 보이게 된다.

글씨는 크고 굵게 쓰는 것이 자신감이 더 있어 보인다. 철자법 또한 주의해야 한다. 어려운 단어는 투시물 프레임에 미리 메모해 놓으면 편리하다. 영어라면 약자를 사용하는 것도 요령이다. 또 글씨를 써야 할 때에는 발표자의 위치에도 신경을 써야 한다. 오른손잡이의 경우 참석자를 바라보는 상태에서 프로젝터가 발표자의 오른쪽에 놓이도록 선다.

● OHP의 효과적인 사용 when to use overhead trasparencies

오버헤드 프로젝터는 청중이 10~400명 사이일 때 사용하는 것이 가장 효과적이다. 참석자가 10명 미만일 경우에는 사용하지 않는 것이 좋다. 이때는 유인물이 보다 효과적이다. 같은 프리젠테이션을 반복해야 할 경우에는 OHP 자료를 만들어 두는 것이 효율적이다.

비밀을 지켜야 하는 자료일 경우에도 이를 OHP 자료로 만들어 빨리 보여주면 청중이 자료 내용을 다 기억해낼 수 없으므로 유용하다.

● 예비용 프로젝터 have a back-up overhead projector

참석자의 수가 많거나 OHP 자료에 많이 의존하여 프리젠테이션을 진행할 때에는 예비 램프를 확인하고, 더 안전을 기하려면 예비로 프로젝터를 하나 더 준비해도 좋다. 프리젠테이션 중에 램프가 끊어지더라도 간단한 레버 조작으로 램프교환장치를 작동시키는 프로젝터도 나와 있다.

7. 플립 차트

요즘은 시청각 기자재가 많이 발달하여 프리젠테이션에서 플립 차트를 이용하는 경우가 드물다. 플립 차트는 참석자가 40명 미만일 때에 효과적이다. 참석자가 40명을 넘으면 글씨를 읽기 어렵다. 플립 차트에서는 한 장에 들어가는 내용을 5줄 이하로 하고, 한 줄은 5 단어를 초과하지 않도록 한다. 또한, 상단 3분의 2만을 사용하여 뒤쪽에 앉은 사람들도 다 볼 수 있도록 배려한다.

손으로 작성할 경우에는 깔끔하게 글씨를 쓰도록 주의해야 한다. 글씨에 자신이 없는 사람은 다양한 색깔과 서체, 로고를 사용하여 깨끗하게 인쇄하는 것이 바람직하다. 플립 차트를 준비할 때 염두에 두어야 할 사항은 글씨는 크고 확실하게, 내용은 재미있고 기억하기 쉽게 만드는 것이다.

플립 차트를 사용하면 메모 카드를 따로 준비할 필요가 없다. 프리

젠테이션을 진행하면서 가끔씩 플립 차트를 보면서 주요 요점을 참조
하면 된다. 이때 주의할 것은 반드시 청중을 보며 말하는 것이다. 플립
차트를 보면서 말하는 것은 금물이다. 인용하지 않는 차트는 보이지
않게 넘겨 둔다.

청중들이 보는 앞에서 글씨를 써야 할 때에는 미리 연필로 희미하게
써놓는 것이 안전하다. 이렇게 하면 줄 간격도 맞출 수 있고 잘못된 철
자법과 빼먹고 쓰는 일도 방지할 수 있다. 이 방법은 선, 그래프 혹은
도형을 그리는 데도 효과적이다.

또한, 자신이 주로 사용하는 손을 생각하여 올바른 위치에 서도록
한다. 오른손잡이는 차트가 왼쪽에 오도록 서고 왼손잡이는 플립 차트
를 오른쪽에 놓는다.

● 뒷면에 설명 자료 메모 notes on the back

플립 차트를 사용할 때 기억하기 어려운 복잡하고 상세한 내용을 차
트의 뒷면에 적어놓으면 편리하다. 특히, 숫자, 이름, 날짜 등 특별히
기억할 필요가 없는 항목을 설명할 때 좋다. 이때는 차트 뒤쪽에 서서
설명한다. 간단한 준비로 초보자도 숙련된 프리젠터같이 보일 수 있다.

● 플립 차트의 유용성 flipcharts to gather information

플립 차트는 청중의 의견을 수렴하는 데 효과적이다. 청중에게서 나
올 정보가 대충 어느 정도가 될지를 감안하여 필요한 면을 사전에 계

획하는 것이 좋다. 차트에 청중의 발언을 기록하면 어떤 의견이 나왔는지 모든 참석자가 볼 수 있으며, 나중에 다시 참조할 수 있는 기록을 남긴다는 장점이 있다. 플립 차트 두 개를 사용하면 서로 대비되는 항목을 설명할 때 편리하다. 예를 들어, 차트 하나에는 장점을, 또 하나에는 단점을 적어놓는다. 주제가 복잡하고 세분되어 있어 여러 가지 의견이 나올 때 특히 편리하게 사용할 수 있다. 두 개의 플립 차트를 사용하면 프리젠테이션을 훨씬 더 조직적으로 진행할 수 있다. 발표자가 미리 준비해 놓은 플립 차트 외에 또 하나를 마련하여 프리젠테이션 과정에서 청중에게서 나온 독창적인 내용을 기록한다.

● 마커 markers

플립 차트는 반드시 짙은 색깔의 굵은 마커(매직펜)를 사용한다. 주황색이나 노랑색은 조금만 멀어도 읽기 어려우므로 좋지 않다. 프리젠테이션이 시작되기 전에 쓸 수 있는 마커인지 확실히 테스트한다. 도중에 매직펜이 다 닳을 경우를 대비하여 여분을 준비한다.

서로 대비되는 내용은 마커의 색깔을 다르게 하거나 서체를 다르게 하면 더욱 효과적이다. 종이 사이에 여분의 종이를 하나씩 남겨두는 것이 좋다. 프리젠테이션 도중에 마커를 이용하여 적을 경우, 뒷장까지 마커 자국이 번지면 이미 준비한 차트를 버리는 수가 있기 때문이다.

다른 시각 자료도 마찬가지이지만 프리젠테이션 중에는 마커를 내려놓는 것이 좋다. 그렇지 않으면 자신도 모르는 사이에 마커를 흔들거나 만지작거리게 되어 청중의 관심을 흐트러뜨리게 된다.

● 회의용 플립 차트 - 3 차트 시스템 the three chart system

비즈니스 회의에서 플립 차트 3개를 사용하면 사안을 정확하게 처리하면서 동시에 시간도 절약할 수 있다.

첫 번째 차트는 "마스터 플랜"용으로 모든 의제를 기록한다. 각 사안에 대해 토론이 개시되는 시각과 종료 시각을 명기한다.

두 번째 차트는 "업무 분담"용으로 회의 중에 합의된 행동 사항을 기록한다. 토의와 합의를 통해 각 참가자가 맡게 될 사안이 결정되면 이름, 임무 내용, 마감 시간 등을 명기한다. 이렇게 하면 다음과 같은 장점이 있다.

1. 회의 참석자 모두 상대방과 각자의 업무를 명확하게 알 수 있다.
2. 기록으로 남겨지기 때문에 신뢰성이 높아진다.
3. 회의가 끝날 때쯤이면 업무가 주어지지 않은 참석자가 확실해진다. 이렇게 하여 참가자의 업무량이 공평하게 분배된다.

세 번째 플립 차트는 "아이디어"용으로 의제와는 상관없지만 고려해볼 만한 가치가 있는 의견을 기록하기 위한 것이다. 차트에 기록하여 놓은 아이디어는 나중에 검토할 수 있게 된다. 아이디어를 낸 사람이 누구인가도 적어놓는다.

회의에서 의장의 역할은 참석자가 좋은 의견을 많이 제시하도록 하는 것이다. 노련한 의장은 참석자들로 하여금 타당한 의견을 많이 제시하게 하여 더욱 생산적인 회의가 되게 한다.

플립 차트의 효과적인 사용법

• 마커는 사전에 테스트한다.

• 대조를 이루는 개념을 설명할 때는 두 개의 차트를 준비한다.

• 각 차트는 5줄을 초과하지 않고, 1줄은 5단어를 넘지 않도록 한다.

• 각 차트는 상단 부분 3분의 2만을 사용한다.

• 철자법이 복잡한 영어는 약자로 쓴다.

• 발표 도중에 기록해야 할 때에는 미리 연필로 메모해 둔다.

• 자신이 주로 사용하는 손을 고려하여 올바른 위치에 차트를 놓는다.

8. 슬라이드

슬라이드는 OHP 자료와 비슷한 목적으로 사용되나 시각적인 효과가 훨씬 뛰어나다. 뛰어난 해상도와 선명한 상을 얻을 수 있어 컬러 사진과 그래픽이 멋지게 살아난다. 준비가 잘 된 짧은 슬라이드 쇼는 강력한 설득력을 발휘하며, 특히 청중의 수가 많을 때 효과적이다.

컴퓨터의 대중화로 이제는 전문가의 손을 거치지 않고도 직접 슬라이드 작업을 할 수 있어 최소의 경비로 최대의 효과를 올릴 수 있다. 특히, 마이크로소프트사의 프리젠테이션 전문 소프트웨어인 파워포인트(PowerPoint)는 텍스트, 차트, 도표 등의 작업과 다양한 편집을 위한 35mm 슬라이드 전용 작업툴을 갖추고 있어 누구나 쉽고 간편하게 다양한 슬라이드를 직접 만들 수 있다.

그래픽 작업, 사진작업 등 2D 그래픽 소프트웨어인 어도비(Adobe)사의 포토샵 또한 슬라이드 제작에 아주 유용하다. 일반적인 프리젠테이션 용도의 슬라이드 제작이라면 파워포인트와 포토샵의 활용으로 완벽한 슬라이드를 만들 수 있다.

슬라이드 프로젝터를 사용할 때는 특히 조작법을 정확하게 익혀야 원활히 프리젠테이션을 진행할 수 있다.

슬라이드의 위아래가 거꾸로 되지 않도록 제대로 트레이에 넣는 방법부터 확실히 파악해야 한다. 일반적으로 트레이에는 80매의 슬라이드를 사용할 수 있고 140매까지 사용할 수 있는 트레이도 있지만 원활한 진행을 위해서는 80매용 트레이가 낫다. 더 많은 양의 슬라이드를 영사할 때는 2대의 트레이를 교체 사용하는 것이 좋다.

자동으로 초점이 맞추어지는 프로젝터라면 기능이 제대로 작동하는지 검사한다. 그렇지 않을 경우에는 수동으로 초점을 맞추어야 한다. 슬라이드에서는 초점과 정렬이 필수적이다. 프리젠테이션 전에 슬라이드 전체를 상영하는 습관을 들이도록 한다. 프로젝터의 위치를 조절하여 사람들의 머리 때문에 스크린이 가려지지 않게 한다.

프리젠테이션 내용과 부합하지 않는 슬라이드는 과감히 빼고, 슬라이드를 보여줄 때에는 반드시 내용에 대해 설명을 한다. 슬라이드를 잠시 멈출 때, 회사 로고를 이용하면 다음 슬라이드로 넘어가기 전에 충분히 요점을 설명할 수 있는 시간을 벌 수 있다.

슬라이드는 통일된 주제감이 느껴지도록 만드는 것이 좋다. 동일한 배경색이나 상징물을 이용하여 슬라이드 전체가 일관된 느낌을 갖도록 한다. 발표자 자신의 회사이든, 고객의 회사이든, 기업에 관한 프리젠테이션일 때에는 회사 로고를 맨 처음과 맨 나중에 보여주면 좋다.

슬라이드에서는 글씨보다 그림을 강조하는 것이 효과적이다. 설명하려는 내용을 그림으로 보여주면 훨씬 이해가 쉽다.

청중이 잘 알고 있는 사람들을 보여주면 참석자의 흥미를 더하게 되며, 참석자가 살고 있는 도시나 지방의 사진을 보여주는 것도 좋다. 이렇게 하면 발표자와 청중 사이에 신뢰감과 친밀감이 생긴다.

글씨를 슬라이드로 만들 때에는 청색이나 검정색 바탕에 노랑이나 흰색으로 글씨를 두드러지게 하는 것도 효과적이다. 컬러는 흑백에 비해 기억력을 30% 이상 증가시킨다.

슬라이드는 되도록이면 가로든, 세로든 한 방향으로 제작하는 것이 좋다.

● 원격 조정 Remote controls for slide projectors

매끄러운 진행을 위해 슬라이드의 원격 조정은 반드시 필요하다. 대부분의 경우, 슬라이드 프로젝터는 발표자와 상당히 떨어진 곳에 설치해야 스크린에 크게 나타난다. 원격 조정 장치의 선이 충분히 긴가를 확인한다. 그렇지 않으면 연장선을 준비해야 한다. 또, 연장선이 제대로 연결되는지도 확인한다.

원격 조정 장치가 제대로 작동되는지 사전에 테스트한다. 슬라이드를 마음대로 전진, 후진시킬 수 있도록 연습해야 프리젠테이션을 매끄럽게 진행할 수 있다.

또한 자동으로 초점이 조절되는 슬라이드 프로젝터가 아닌 경우에는 원격 조정 장치로 초점을 맞추는 것도 사전에 연습해 두어야 한다. 조작하면서 실수를 저지르지 않도록 충분히 연습하는 것이 중요하다.

● 멀티 슬라이드 쇼 Multimedia shows

세련된 비즈니스 프리젠테이션을 기획할 때에는 여러 개의 슬라이드 프로젝터를 이용하여 속도감 있게 진행되는 멀티 슬라이드 쇼를 고려할 수 있다. 이는 전문적인 기술이 필요하므로 자세한 설명은 생략한다.

슬라이드 프로젝터 두 개를 이용하여 돈을 많이 들이자 않고도 효과적으로 슬라이드를 보여주는 방법이 있다.

두 대의 프로젝터를 이용하여 스크린 왼쪽에는 주요 슬라이드를 보여주고 제2 슬라이드는 스크린 오른쪽에 비춘다. 이때 제2 슬라이드는 주요 슬라이드를 설명하는 세부적인 내용으로 한다. 예를 들어 여러 가지 생산 공정을 보여주고 싶다면 완성된 제품을 스크린 왼쪽에 보여주고 단계별 생산 과정을 오른쪽에 보여준다. 이 원칙을 응용하여 다양하게 슬라이드를 조합하면 된다.

두 대를 동시에 사용할 때에는 프로젝터를 작동시켜 줄 사람이 필요할 수도 있다. 또, 원고를 준비해야 원만하게 진행할 수 있을 것이다. 이 방법은 많은 연습을 필요로 한다.

이밖에 폴라로이드사에서 나온 즉석 슬라이드 카메라가 있다. 즉석 슬라이드는 특정 목적에 맞추어 시각 자료를 만들 때 시간을 절약할 수 있다. 정성을 담은 즉석 슬라이드를 만들어 발표 중에 보여주면 매우 효과적이다. 참석자는 자신이 특별하게 취급됐다는 느낌과 함께 커다란 스크린에 나타난 자신의 모습을 보고 기뻐할 것이다.

9. 비디오 테이프, 오디오 카세트

● 비디오 테이프 video tape

비디오 카메라와 캠코더의 사용이 일반화되면서 프리젠테이션에서 비디오 테이프를 이용하는 일이 많아졌다. 전문적으로 제작된 것도 있지만 발표자 스스로 자신의 프리젠테이션 주제에 맞도록 쉽게 제작할 수 있게 되었다.

비디오는 동영상과 음향을 같이 전달하기 때문에 청중에게 강렬한 인상을 남길 수 있다. 이때 주의해야 할 것은 청중의 수를 감안하여 모니터나 스크린을 준비해야 한다는 것이다.

발표자가 보여주고자 하는 부분이 어디인지 미리 테이프를 맞추어 놓고 사전에 음량을 조정하여 모든 사람들이 들을 수 있도록 한다. 작동법이 기기마다 약간씩 다를 수 있으므로 청중을 기다리게 하지 않도록 사전에 숙지해야 한다. 기다리는 20초는 영원과 같이 느껴지는 법이다. 기기의 시계가 깜빡거리는 것은 청중의 신경을 거슬리게 하므로 작동을 멈추게 하거나 가리는 것이 좋다.

● 오디오 카세트 audio casette

카세트 테이프는 음악, 음향효과, 연설 녹음 등 프리젠테이션에서 유용하게 쓰인다. 자신에 대한 소개를 녹음하여 프리젠테이션 때마다 이용하는 발표자도 많다. 프리젠테이션 분위기를 조성하기 위해 경쾌한 배경음악을 사용하기도 한다. 연설의 흥을 돋우거나 특별한 분위기, 극적인 효과를 필요로 하는 상황에서 음향은 효과적이다.

인터뷰 녹음은 아주 독창적으로 이용할 수 있다. 예를 들면 고객의 의견을 조사하거나 신제품에 대한 평가를 수집하는 데 적절하다. 특정 제품에 대해 여러 고객의 칭찬이나 비평을 녹음하여 틀어줄 수 있으며 필요 없는 부분은 쉽게 삭제할 수도 있다. 인터뷰 녹음은 특히, 제품의 품질에 대한 프리젠테이션을 시작하는 데 적절하다. 효과 또한 강력하여 발표된 자료의 신뢰성을 크게 높여준다.

10. 기타 시각 도구

● 서적 books

책 또는 책에 나오는 내용에 대해 언급할 때에는 청중에게 그 책을 직접 보여주는 것이 좋다. 참석자들이 책표지를 볼 수 있도록 높이 들어보인다. 책에 대해 설명할 요점을 적어 뒷표지에 붙이면 편리하다. 인용할 부분에는 포스트잇을 붙인다. 앞에서도 언급했지만 책갈피는 떨어지기 쉬우므로 피하는 것이 좋다.

책의 제목, 저자 이름, 출판사 등의 정보를 정확히 알려주어 나중에 청중이 쉽게 찾아볼 수 있게 한다. 구입 장소와 가격도 알려준다.

● 모형 models

발표자의 요점을 효과적으로 보여주는 방법으로 입체적인 모형이나 견본을 이용할 수 있다. 모형이나 견본은 특히 제품을 소개할 때 매우 유용한 것으로서 프리젠테이션을 통해 청중에게 새로운 제품을 보여줌으로써 시각적인 자극을 준다. 견본이나 모형은 모든 참석자들이 잘 볼 수 있도록 충분한 크기로 만들어야 한다. 너무 클 경우에는 적절히 축소하고, 너무 작으면 확대해서 만든다.

모형은 발표 장소의 한가운데에 놓아 모든 사람들이 볼 수 있도록 한다. 그렇게 할 수 없을 때에는 프리젠테이션을 마친 후 쉽게 볼 수 있는 곳에 놓는다. 사람들은 보기를 좋아하는 경향이 있다. 그러나 프리젠테이션 도중에 참석자들 사이에 견본을 돌리는 것은 좋지 않다. 청중의 관심이 발표자에게서 멀어지기 때문이다.

또 고가의 부품이나 미술품 등 값비싼 견본이나 모형은 돌려 보지 않는 것이 좋다. 나중에 물건이 없어지는 경우가 종종 있다. 대신, 프리젠테이션이 끝난 후에 참석자들이 모형을 볼 수 있도록 배려한다.

모형이나 견본의 사용에도 확실한 목적이 있어야 한다. 단지 견본을 사용한다는 목적으로 쓰는 것은 의미가 없다. 효과가 의심스러울 때에는 차라리 사용하지 않는 것이 좋다. 보여주는 것도 적을수록 효과가 크다. 견본의 수가 너무 많은 것보다는 차라리 적은 것이 낫다.

모형에 대한 자료를 작성한 메모를 각 모형 뒤에 붙이면 모형을 설명할 때 참고할 수 있다. 참석자들이 모형을 잘 볼 수 있도록 높이 들어올린 상태에서 뒤에 붙은 설명을 자연스럽게 읽어주면 된다.

🔵 그림 pictures and drawings

그림이나 스케치를 사용할 경우에는 무엇을 그린 것인지 참석자들이 알아볼 수 있어야 한다. 그림의 내용에 대해 청중에게 설명해 준다. 그림을 보여주었는데 그것이 무엇인지 아는 사람이 아무도 없다면 참으로 난처한 일이다. 모든 사람들이 볼 수 있도록 크기가 적당해야 하며 그림이 작을 때에는 유인물에 포함시켜 프리젠테이션이 끝난 후에 나누어주는 것이 좋다.

🌑 그래프 graphs

통계를 참조하거나 추세를 설명할 때, 또 퍼센트를 비교할 때에는 막대나 원 그래프를 사용하면 편리하다. 67%와 37%의 차이를 설명할 때 이를 그림으로 보여주면 훨씬 이해하기 쉽다. 막대 그래프는 가장 단순하므로 가장 좋다. 막대를 돋보이게 하려면 색깔을 사용한다. 그래프가 어수선해 보이지 않도록 주의한다. 너무 많은 막대를 그리거나 원을 잘게 나누는 것은 피한다. 그래프를 작성할 때는 가장 큰 것에서 시작해서 작은 것으로 가거나, 반대로 한다.

똑같은 정보 — 다른 효과

Type	1990	2000	2010
A	100	110	150
B	80	100	170
C	70	90	120

🌑 차트 flow charts and schematic diagrams

차트는 순서를 설명할 때나 여러 개념의 상관 관계를 나타낼 때 유용하다. 회사의 조직이나 직위 체계를 설명하는 데도 사용된다. 기업의 의사 결정 과정, 시장의 여러 계층을 설명할 때 차트를 이용하면 편리하다.

차트에서는 네모칸과 연결선이 각 항목 간의 관계를 정확히 나타낼 수 있도록 배치하는 것이 중요하다. 예를 들면, 회사 조직도에서는 같은 등급의 직원들이 평행이 되도록 배치하고 하급 직원들은 아래쪽에 배치한다.

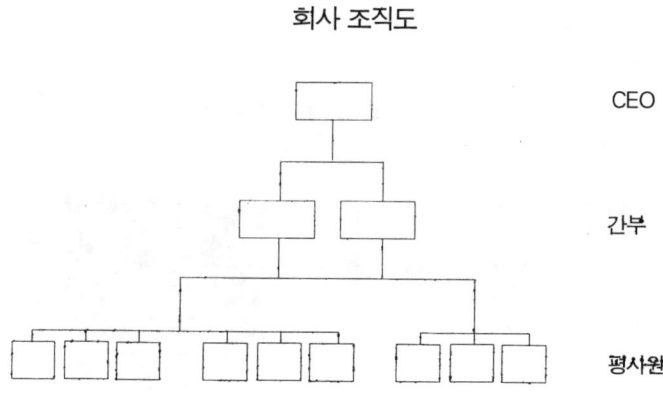

회사 조직도

CEO

간부

평사원

● 만화 cartoons

만화가 주는 유머는 프리젠테이션에 인간적인 느낌을 부여하며 변화를 준다. 만화를 이용한 시각 자료는 설명하려는 요점을 극화시키는 데 아주 효과적이다. 보통, 만화는 상황을 과장하여 설명하는 경향이 있다. 여기에서 생기는 유머가 딱딱한 주제를 풀어주어 요점을 이해하는 데 도움이 된다. 7분에 한 번씩 15초 동안 재미나는 만화를 보여주면 청중에게 정신적인 휴식시간을 주는 셈이 된다.

● 마그네틱 화이트보드 magnetic whiteboards

사진이나 그림은 뒤에 접착식 마그네틱 고무테이프를 붙여 마그네틱 화이트보드에 부착하는 방법도 있다. 플립 차트 스탠드 뒷면이 마그네틱 화이트보드로 되어 있는 것이 많다. 마그네틱 테이프는 사무용품 전문점에서 구할 수 있다. 사용법이 간단하고 잘 떨어지기 때문에 편리하게 이용할 수 있다.

● 복사 기능이 있는 화이트보드 reproducible writing boards

화이트보드에 복사기와 같은 전자 스캐너가 있어 기록한 내용을 복사할 수 있다. 참석자 각자가 의견을 내놓아 최선책을 결정하는 브레인스토밍이나 복잡한 도표를 설명할 때 매우 효과적이다. 참석자가 일일이 내용을 기록할 필요가 없어 편리하다.

● 포인터와 OHP 자료 pointer and overhead projectors

OHP 투시물, 슬라이드, 플립 차트에 나와 있는 특정 단어, 선, 그림을 가리켜야 할 때는 포인터가 필요하다. 라디오 안테나같이 포개 넣을 수 있는 포인터가 많이 있다. 포인터는 유용하게 사용되나, 이것을 들고 흔들거나 만지작거리면 청중의 주의를 산만하게 만들 수 있다.

레이저 포인터나 전광식 화살표가 달려있는 포인터 또한 효과적이다. 건전지를 정기적으로 점검하여 사용이 가능한지를 확인해 둔다.

어떤 종류의 포인터를 사용하든지 가리키려는 내용에 시선을 주면서 몸을 움직인다. 청중은 발표자의 몸짓에 따라 발표자가 설명하고자 하는 내용에 주목하게 된다.

OHP 자료를 사용할 때는 스크린 위에 나타난 내용을 가리키지 않는다. 대신 OHP 필름에 나와 있는 내용을 직접 가리킨다. 작은 판지를 화살표 모양으로 만들어 사용하면 비용도 들지 않거니와 훨씬 세련되고 전문적으로 보인다. 몸체가 둥근 펜 같은 물체는 잘못하면 투시물 위에서 굴러다닐 수 있으므로 사용하지 않는 것이 좋다.

보조자 working with an assistant

시각 자료가 아주 많을 때에는 보조자의 도움이 필요하다. 이때에는 반드시 보조자와 함께 리허설을 하여 호흡을 맞추어야 한다.

보조자는 발표자의 신호에 따라 지체 없이 다음 자료를 보여줄 수 있도록 충분히 연습해야 한다. 보조자의 역할이 많지 않을 때에는 오히려 분위기를 저해할 수도 있으니 신중히 고려한다.

🔵 사전에 기자재를 확인하고 비상시 대책을 마련한다
confirm your equipment in advance; have a back-uup plan

필요한 기자재가 확인되는 대로 주최 측이나 장소 제공자 측에 신속히 주문한다. 적어도 행사 이틀 전까지는 모든 기자재 준비를 완료하는 것이 좋다. 만일의 경우를 대비하여 담당 직원의 이름을 기록해 둔다.

각종 프로젝터를 사용할 때는 전구가 제대로 켜지는지 또 전기 접속이 용이한지를 점검한다. 연장 코드가 필요하면 연결이 제대로 되는지 테스트한다.

전기에 과부하가 걸릴 경우를 대비하여 차단기 스위치의 위치도 알아둔다. 마이크, OHP, 슬라이드 프로젝터 등 전기기구를 동시에 쓰는 경우도 있으니 유의하는 것이 안전하다.

또, 기자재에 문제가 생겼을 경우에 연락할 수 있는 담당자의 이름과 전화번호를 알아두고 준비한 자료를 사용하지 못하게 될 경우에 대비하여 예비 시스템을 마련한다. 어떤 상황에서도 프리젠테이션을 원만하게 진행할 수 있도록 철저히 준비한다. 비행기에서 수하물을 잘못 처리하는 경우도 있고, 가벼운 접촉사고도 있을 수 있으며, 잊어버리고 자료를 가져오지 못하는 경우도 생기는 법이다. 사전에 철저히 계획하고 준비하여 전문가답게 보이도록 한다. 발표자가 서두를수록 기계에 결함이 생기거나 문제가 일어나는 경우가 많다.

시각 자료의 장단점 비교

종류	장점	단점	비고
컴퓨터	즉시 수정가능	시스템 고장	대체 자료 준비
OHP 자료물	5명 이상 참석자 비용 저렴	너무 많으면 효과 반감	조명 주의 6×6 규칙
슬라이드	고품질 효율적 재사용	높은 비용 많은 시간 소요	초점 맞추기 트레이에 넣을 때 주의
플립 차트	비용 저렴	40명 이하	상단 2/3만 사용 5×5 법칙 글씨 연습
유인물	비용 저렴 융통성 준비하기 쉽다	준비에 시간 소요	세련된 외양 교정
모형	효과적	분실 염려	잘 보이도록
비디오 테이프	청중 관심 자극 휴대용 사용이 쉽다	청중 산만	작동방법 숙지
화이트보드	융통성 마그네틱 컬러 사용	인상적이지 않다 초기 비용 높은 편 지우기 어렵다	깨끗한 필기 지우개 준비

요약

파워 프리젠테이션을 위한 시청각 도구의 사용

• 모든 시청각 도구를 정시에 사용할 수 있는지 재차 확인한다.

• 전구, 전기, 코드, 플러그, 스위치, 기타 부품을 재확인한다.

• 필요한 경우, 플립 차트 및 OHP 자료에 미리 메모해 놓는다.

• 여벌의 기자재를 가까이에 비치하고, 만일의 사태에는 시각 자료 없

  이 진행할 수 있도록 준비한다.

• OHP 자료, 슬라이드, 유인물은 적어도 한 세트씩 가지고 다닌다.

6

파워 프리젠테이션의 넷째 요소 :

환경

" 사고 방식을 변화시키려면 환경을 먼저 바꾸어라. "

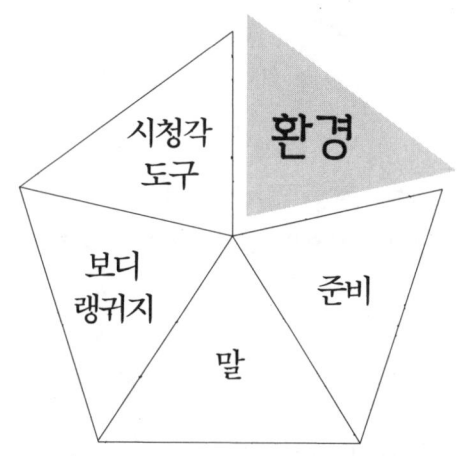

1. 장소의 선택

프리젠테이션의 장소는 청중의 태도에 많은 영향을 준다. 발표 장소의 환경이 적절하지 않을 때에는 청중의 집중력이 떨어지고 마음이 불안정해지기도 한다.

발표자는 훌륭한 성과를 얻기 위해서 프리젠테이션 장소에 익숙해져야 한다. 장소의 환경과 시설물에 대한 파악도 필요하다. 가능하면 장소를 미리 답사하여 프리젠테이션의 성격에 맞추어 변경해야 할 사항이 있는지 확인한다. 준비 시간을 충분히 두어 좌석, 기자재, 마이크, 조명 등을 완벽하게 준비할 수 있도록 한다.

발표자 자신이 장소를 선정할 때에는 세심하게 주의를 기울여야 한다. 음식이나 음료보다는 프리젠테이션에 적합한 환경인지 꼼꼼히 따져 보는 것이 좋다.

회사가 아닌 제3의 장소를 택하는 것이 좋다. 회사에서는 아무래도 참석자가 업무에 신경을 쓰게 되므로 프리젠테이션에 덜 집중하게 되는 경향이 있다. 또, 누구나 쉽게 올 수 있게 교통편도 감안한다.

사전에 참석자에게 장소의 약도와 함께 주소, 프리젠테이션 장소와 층수, 전화번호, 날짜와 시간 등을 통보한다. 주차장 사용에 관한 정보도 알려준다.

2. 장소의 크기와 배치

프리젠테이션에 참가할 인원을 미리 파악하여 참석자 수에 맞추어 장소를 정해야 한다. 인원에 비해 너무 커도 안 되고 너무 작아도 좋지 않다. 참석자 전원이 편안하게 앉을 수 있고, 쉽게 몸을 움직일 수 있는 여유가 있는 정도가 적당하다. 이상적인 크기는 너비와 길이가 1:1.5인 것이 좋다. 발표자의 모습과 소리를 모든 참석자가 보고 들을 수 있어야 함은 필수적이다.

사전에 장소를 답사하여 시각 자료와 기자재 등을 놓을 수 있는 적절한 공간이 있는지, 발표자가 여유 있게 움직일 수 있도록 좌석이 배치되었는지 등을 확인한다. 카페트보다 마루가 깔린 장소가 음향을 더 잘 살릴 수 있다.

화장실과 전화의 위치를 확인하여 참석자에게 알려준다. 발표자는 적어도 1시간 전에 장소에 도착하여 모든 것이 제대로 준비되고 배치되어 있는지 확인하고, 적합하지 않은 부분은 바꾼다.

프리젠테이션 장소가 편안하게 느껴질 수 있어야만 프리젠테이션을 원만하게 진행할 수 있다. 가능하다면 프리젠테이션의 일부, 혹은 전부를 현장에서 연습하는 것이 좋다.

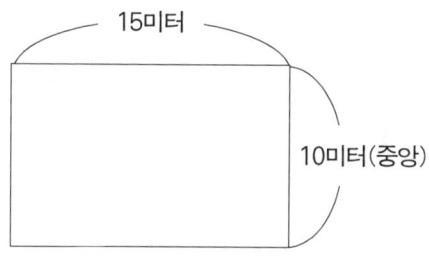

3. 좌석 배열

좌석의 열 수는 되도록 적게 만드는 것이 좋다. 의자는 편한 것이 좋자만 너무 편안하면 참석자가 잠드는 수도 있다.

사람들은 대개 뒤쪽에 앉는 것을 선호하기 때문에 앞줄이 비는 경우가 많다. 뒷줄에 "예약석" 표시를 하여 사람들이 앉지 못하게 유도한다. 앞쪽의 좌석이 다 찼을 때 예약석 표시를 치우도록 한다. 또, 필요한 좌석보다 의자를 적게 놓고, 나머지 의자는 뒷편에 준비해 두었다가 필요할 때 놓아도 된다.

발표자의 모습과 말을 참석자 전원이 잘 보고 들을 수 있도록 좌석을 배열해야 한다. 회의실에서 진행되는 소규모의 프리젠테이션에서는 참석자의 이름을 파악하여 미리 좌석을 지정하면 효과적이다. 이때에는 서로 모르는 사람을 옆에 앉게 하여 새로운 사람을 사귈 수 있도록 좌석을 배열하는 것이 요령이다.

좌석을 미리 지정해 놓으면 잡담이 줄어드는 효과도 있다. 사장 등 주요 인물이 참석할 예정이라면 모든 참석자들이 주요 인사의 반응을 볼 수 있는 위치에 좌석을 지정한다.

참석자가 필기를 해야 할 경우에는 노트, 유인물, 가방 등을 놓을 수 있는 책상이나 탁자가 필요하다. 책상의 크기는 60~70 cm 정도가 적당하다. 메모지, 필기도구, 물, 기타 용품을 주최측이나 발표자가 따로 준비하여 나누어주는 경우도 있다.

스크린을 사용할 때에는 스크린 높이의 두 배가 되는 위치 안쪽으로는 좌석을 배열하지 않는다. 예를 들어 스크린의 높이가 2.5미터라면 좌석은 스크린에서 5미터 떨어진 곳에서부터 놓는다. 또한, 마지막 2열의 거리가 스크린 높이의 8배 미만이 되도록 한다. 즉, 2.5미터 높이의 스크린일 경우, 20미터 안쪽에 모든 좌석을 배열하는 것이 좋다.

좌석 배열의 예 1

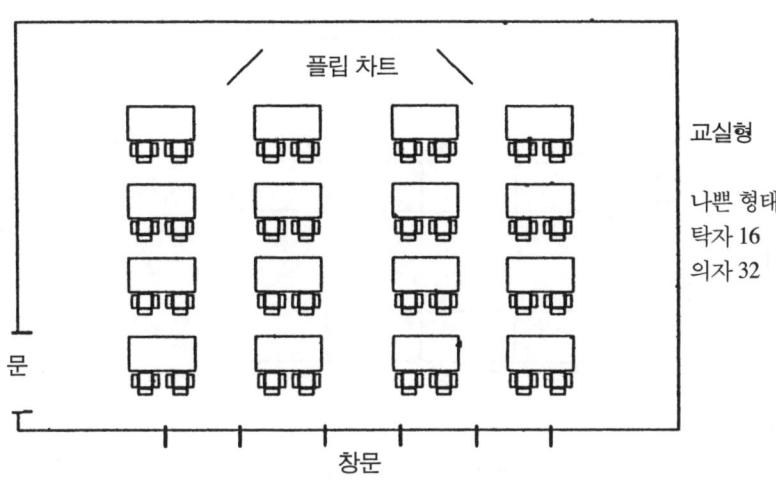

교실형

나쁜 형태
탁자 16
의자 32

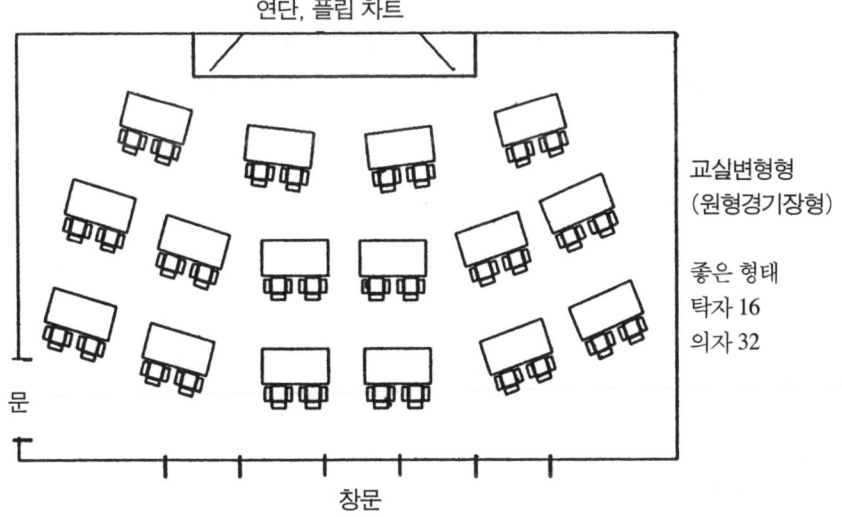

교실변형형
(원형경기장형)

좋은 형태
탁자 16
의자 32

좌석 배열의 예 2

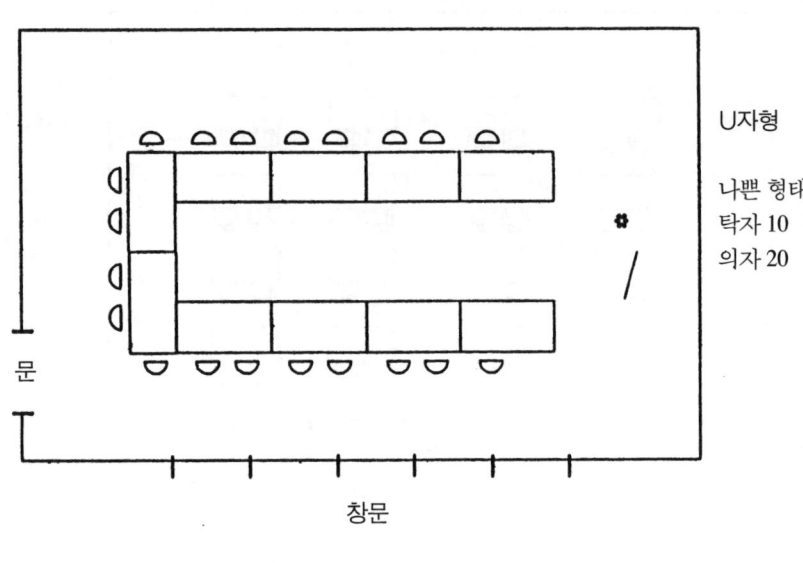

U자형

나쁜 형태
탁자 10
의자 20

문

창문

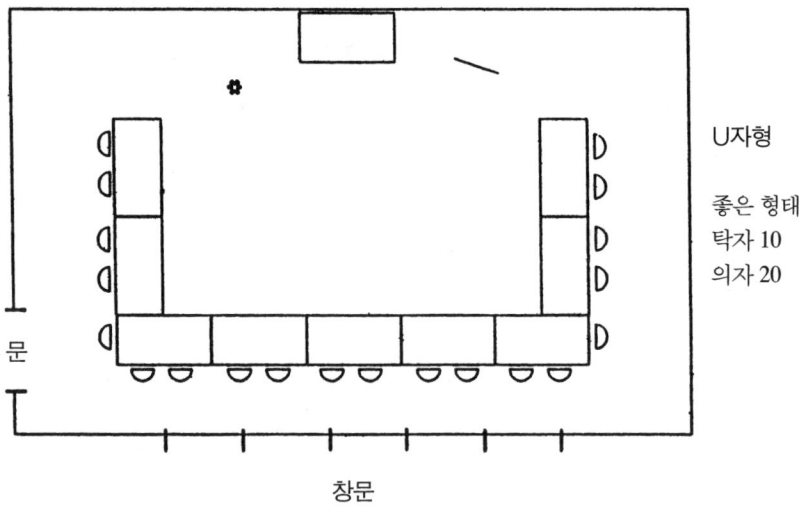

U자형

좋은 형태
탁자 10
의자 20

문

창문

좌석 배열의 예 3

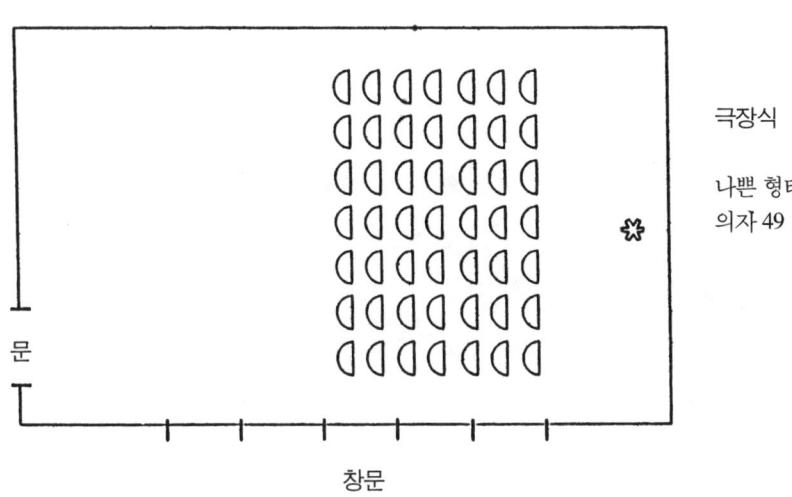

극장식

나쁜 형태
의자 49

문

창문

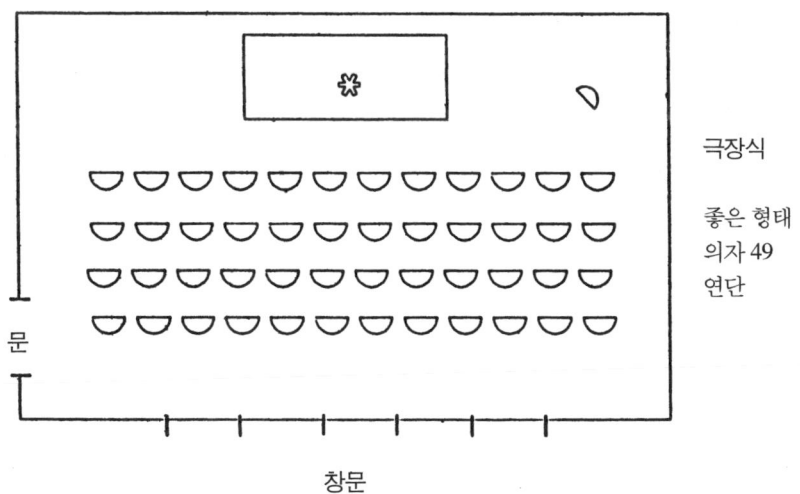

극장식

좋은 형태
의자 49
연단

문

창문

4. 기타 환경

● 실내 온도 room temperature

불편할 정도로 춥지 않은 한, 더운 것보다는 서늘한 것이 낫다. 실내 온도가 높으면 조는 사람이 늘어난다. 여름에는 특히 에어컨디셔너가 제대로 작동되는지를 확인한다. 참석자가 모두 도착한 후에는 실내온도가 높아진다는 것도 감안해 두자.

● 발표자용 의자 barstools

하루종일 계속되는 프리젠테이션일 경우에는 등받이가 없는 높은 의자를 하나 준비하면 유용하다. 오후에 몹시 피곤할 때 잠깐 앉아서 진행할 수 있다. 의자의 키가 높기 때문에, 발표자의 키도 커 보이고 앉아있다는 느낌도 덜 든다는 장점이 있다.

● 출입문 doors

출입문이 장소의 맨 뒤나 뒤쪽에 오도록 좌석을 배열한다. 출입문이 뒤에 있어야 지각한 참석자들이 들어올 때 청중의 관심이 분산되는 것을 방지할 수 있다. 발표자는 지각하는 사람들이 항상 있다는 것을 감안하여 발표에 방해가 되지 않도록 조치해야 한다. 뒤쪽에 문이 있으면 늦게 도착한 사람들이 다른 사람들을 방해하지 않고 들어와 앉을 수 있다.

● 창문 windows

창문 또한 발표 장소 뒤쪽에 오도록 배열하는 것이 좋다. 물론, 창문
을 옮길 수는 없겠지만 좌석 배열에 신경을 쓰면 뒤쪽에 오게 할 수 있
을 것이다. 특히, 대형 창문은 청중의 주의를 산만하게 한다. 발표자가
창문이 있는 쪽 반대편에 서고 사전에 커튼을 내리면 청중의 시선이
창문 쪽으로 가는 것을 막을 수 있다.

● 조명 lighting

사전에 발표 장소의 조명을 점검하여 모든 참서자들이 볼 수 있도록
충분히 밝은지 확인한다. 스위치 위치도 확인하여 필요할 경우 밝기를
조정할 수 있도록 한다. 슬라이드 프로젝터나 LCD 프로젝터를 사용
할 때는 어둡게 해야 하는데, 이때 조명을 조정하는 장치가 있다면 불
을 완전히 끄는 것보다는 흐리게 하는 것이 좋다.

슬라이드 프로젝터는 발표자가 많이 걷지 않고 끌 수 있는 위치에
배치한다. 그렇지 않을 때에는 발표자의 신호에 따라 보조자가 프로젝
터를 켜거나 끌 수 있도록 조치한다.

시각 자료를 쓸 때 조명을 완전히 끄는 것은 좋지 않다. 눈에도 좋지
않을뿐더러 메모나 필기하기에도 불편하다.

프리젠테이션이 시작되기 전에 조명을 어둡게 하다가 시작할 때 조
명을 밝게 하면 극적인 효과를 얻을 수 있다. 갑자기 밝아진 조명을 보
고 청중은 발표자에게 주목하게 된다.

● 장소 표시 signs

참석자의 편의를 위하여 발표 장소의 위치를 알려주는 길잡이 표지를 여러 군데에 놓는 것이 좋다. 장소가 찾기 어려운 곳에 있다면 로비에 화살표와 포스터를 붙여놓도록 한다.

또한 안내나 프론트데스크에 문의하면 발표 장소를 정확히 알려주도록 사전에 의뢰하고, 이들이 정확한 정보를 주고 있는지 확인한다.

● 음악 background music

시작 전에 음악이 나오는 것은 상관없으나 프리젠테이션이 시작되면 음악이 나오지 않도록 해야 한다. 프리젠테이션 도중에 음악이 계속 흘러나오면 발표에 지장을 주고 청중도 짜증을 내게 된다.

● 프리젠테이션 시기 timing

가장 효과적인 시기에 프리젠테이션을 할 수 있도록 시간을 정하는 것이 중요하다. 휴일, 업무가 바쁜 시기, 스포츠 경기나 기타 행사가 있을 때에는 청중의 관심이 분산되므로 피하는 것이 좋다.

주말이나 휴가 시즌 바로 전에 프리젠테이션을 기획하는 것 또한 바람직하지 않다. 몸은 발표 장소에 있으나 마음은 이미 휴가 장소에 가 있는 참석자가 대부분일 것이다.

주기적으로, 예를 들면 50분이나 55분에 한 번씩 휴식시간을 갖는다. 참석자들이 휴식시간을 이용하여 몸을 움직이기도 하고 다른 사람들과 의견을 나누면서 새로운 아이디어를 얻을 수 있도록 한다. 휴식시간이 없을 경우, 참석자는 잠을 자거나 산만해지며 심지어는 발표자에 대해 나쁜 감정을 갖게 된다. 발표자는 휴식시간이 필요한 때를 빨리 파악할 수 있어야 한다. 장시간의 회의에서는 참석자로 하여금 스트레칭을 할 수 있는 시간을 주는 것이 바람직하다.

● 비상구 emergency exit

청중과 발표자의 안전을 위하여 비상구를 알아두고, 직접 외부와 연결되었는지 혹은 다른 곳을 통해 나가야 하는지도 알아놓는다.

> 쾌적한 환경에서
> 가장 효과적인 학습이 이루어진다.
> (절대 과소평가하지 말 것!)

휴식시간의 예

오전 8시 – 오후 4시까지 계속되는 세미나

시간		
07:30	커피, 홍차, 쥬스, 과일, 토스트 제공	
08:00	세미나 시작	50분
08:50	간단한 스트레칭(5분)	55분
09:50	커피 브레이크(15분)	50분
10:55	간단한 스트레칭(5분)	50분
11:50	가벼운 점심식사(1시간)	
13:00	오후 세미나 시작	40분
13:40	간단한 스트레칭(5분)	40분
14:25	커피 브레이크(15분)	
15:15	간단한 스트레칭(5분)	40분
16:00	세미나 종료	

총 6시간

요약

파워 프리젠테이션을 위한 환경 조성

- 발표 장소에 적어도 1시간 전에 도착한다.
- 에어컨디셔너를 작동하거나 창문을 열어 신선한 공기가 들어오게 한다.
- 조명 스위치의 위치를 확인한다. 벽에 있는 각종 스위치의 용도를 파악한다.
- 필요한 좌석 수보다 적게 배열한다. 나머지 의자는 뒤쪽에 놓아둔다.
- 맨 뒤 열에는 "예약석" 표시를 하여 참석자들이 앞쪽에 앉도록 유도한다.
- 커튼을 친다.
- 프리젠테이션 중에는 전화기를 빼놓거나 다른 전화에 자동으로 연결되도록 조치한다.
- 좌석 및 기자재 배치를 바꾸어 가장 편안한 상태가 되도록 한다.

7

프리젠테이션의 다섯째 요소 :

준비

" 다른 모든 것에 앞서 준비야말로 성공의 비밀이다.

- 헨리 포드 - "

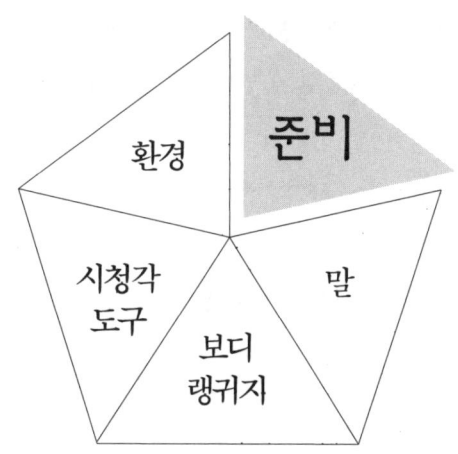

프리젠테이션의 마지막 단계는 준비 단계로서, 앞의 4개 요소를 한데 뭉뚱그리는 것이다. 준비 없는 프리젠테이션은 러시안 룰렛과도 같다.

재능이 없는 발표자가 준비도 하지 않는다면 신뢰감은 땅에 떨어질 것이다. 준비는 아무리 강조해도 지나치지 않다. 준비가 완벽하면 발표에 재능이 없다 해도 성공적인 프리젠테이션을 할 수 있다.

필요한 기자재는 미리 주문하고, 이를 예약한 담당자의 이름을 확인하고 메모한다. 프리젠테이션 중에 기자재 사용을 도와줄 사람이 누구인지도 확인한다. 도움이 필요하거나 잘못된 것이 있으면 담당자에게 즉시 연락한다. 만일의 경우를 대비하여 비상용 기자재를 준비해 두는 것이 좋다. 프리젠테이션 전날 모든 조건을 확인한다.

발표자 자신의 기자재와 유인물을 사용해야 할 때에는 충분한 여유를 두고 미리 발송하고 상자와 박스에는 자신이 쉽게 알아볼 수 있는 표시를 하는 것이 좋다. 발송된 우편물이 제 시간에 도착했는지 확인한다. 그러나 안전을 기하기 위해 필수적인 품목은 본인이 직접 차로 가져가거나 비행기를 이용할 경우에는 기내에 들고 탄다.

사전에 충분히 준비할 시간이 있었음에도 불구하고 준비가 잘 되지 않았다면 모든 것은 발표자의 책임이다. 프리젠테이션 장소가 마음에 들지 않는 경우에는 장소를 바꿀 수 있는지 알아본다. 그럴 수 없다면 그 상태에서 최선을 다하는 수밖에 없다. 불평은 아무런 도움이 되지 않는다. 오히려 기분만 불쾌해질 뿐이다.

● "예약" 표시 "reserved" signs

직원들을 위한 연례 만찬이나 고객 초청 파티에 가보면 대개 10~20% 정도는 좌석이 비어 있게 마련이다. 조찬 모임이나 다른 대규모 모임도 마찬가지이다.

사람들은 대개 앞에 나가 앉기를 꺼려하는 경향이 있고 불참자가 많아 좌석의 반도 채우지 못하는 때도 종종 있다. 이렇게 되면 참석자도 어쩐지 서먹해지며 발표자도 흥이 나지 않는다.

"예약" 표시를 뒤쪽 테이블에 놓아 참석자들이 앞쪽에 앉도록 유도한다. 극장식 형태로 좌석이 배열되었을 때에는 뒷줄 두 줄 정도를 테이프로 막고 "예약" 표시를 붙인다.

회의실에서 진행되는 소규모 프리젠테이션에서 참석자의 수보다 좌석이 많을 경우에는 참석자가 도착하기 전에 남는 좌석을 미리 빼는 것이 좋다. 회의 분위기가 한결 살아날 것이다.

1. 출발 전 준비 사항

🔵 **참석자의 정보를 사전에 탐색하라** talk to participants in advance

처음 대하는 참석자를 대상으로 프리젠테이션을 할 때에는 2~3일 전에 서너 사람에게 전화를 걸어 미리 정보를 얻는 것도 바람직하다.

참석자의 배경에 대해 알아보고 가능하다면 다른 참석자에 대한 정보도 알아본다. 참석자가 갖고 있는 문제점이 무엇인지 또 프리젠테이션에서 어떤 도움을 구하는지 미리 파악하면 훨씬 알찬 프리젠테이션을 할 수 있을 것이다.

청중에 대해 전혀 아는 것이 없을 때에는 발표자가 무심코 던진 말이 참가자를 불쾌하게 하거나 기분을 상하게 만드는 일이 생길 수 있다. 청중이 좋아하고 싫어하는 것이 무엇인지 파악하여 이에 따라 준비해야 한다.

> 준비에 실패하면
> 실패를 준비하는 것과 같다.

🔵 **여유있게 출발하라** travel tips for presenters

도착지에 여유있게 도착할 수 있도록 충분한 시간을 두고 출발한다.

예상치 못한 교통 혼잡과 날씨를 감안한다. 눈이 올 때가 아닌데 눈이 오는 경우도 있으며, 발표 당일에 갑자기 비가 오는 경우도 있다.

항공편을 이용할 경우에는 프리젠테이션 시간에 임박하여 마지막 비행기를 타지 말고 일찍 출발하는 것이 안전하다. 만약 비행이 취소될 경우, 다음 비행기를 이용할 수 있도록 한다.

프리젠테이션에 필수적인 최소한의 프리젠테이션 자료와 옷은 가지고 타는 것이 안전하다. 짐을 잃어버리게 되는 경우에도 프리젠테이션을 제대로 진행할 수 있도록 조치를 취한다.

손수 운전을 할 예정이라면 노선을 확실히 알아둔다.

● 감사 편지를 미리 보내라
sent thank you notes to the people who will help you, in advance

프리젠테이션의 원만한 진행을 위해서는 많은 사람들의 도움과 협조가 필요하다. 도움을 줄 수 있는 사람들에게 협조가 필요함을 솔직하게 표시하고 도움을 구한다.

여러 가지 예약을 도와준 사람들에게는 짧은 감사의 엽서를 보내면 좋은 인상을 줄 수 있다. 프리젠테이션 당일 특별한 요청이 생기거나 비상 사태가 발생할 경우에 이들은 기꺼이 도움을 줄 것이다.

● 컨디션 조절 body language

발표자 스스로 가장 좋은 컨디션을 유지할 수 있도록 노력해야 한다. 조금 뚱뚱해 보인다면 지금 당장 살을 빼도록 한다. 프리젠테이션 당일보다는 일주일 전에 이발하는 것이 자연스런 머리 모양을 낼 수 있다. 청중에게 적합한 복장으로 자신이 가장 좋아하는 옷과 구두, 타이 등을 골라 놓는다. 휴식을 충분히 취한다. 프리젠테이션 24시간 전에는 술을 마시지 않는 것이 좋다. 숙취보다 탈수 염려가 크기 때문이다.

2. 홍보와 리허설

프리젠테이션의 주제, 일자, 장소, 시간에 대해 충분한 시간적 여유를 가지고 참석자에게 알려야 한다. 홍보는 주최자 측에서 할 수도 있고 발표자 자신이 할 수도 있다. 홍보 담당자가 따로 있다면 발표자에 대한 소개 내용 정도는 알아두는 것이 좋다.

참석률은 대단히 중요하다. 주최측과 함께 효과적인 홍보 계획을 마련한다. 참석자의 복장에 대해서도 반드시 미리 알려주어야 한다.

리허설의 경우, 부하 직원들 앞에서 하는 것은 그리 바람직하지 않다. 잘된 부분만을 칭찬할 확률이 높기 때문이다. 가능하면 동료 앞에서 리허설을 하는 것이 좋다. 이들은 보다 엄격하고 정직한 의견을 줄 것이다.

특히, 시작하는 말과 결론 부분은 철저하게 숙지하고 완벽하게 할 수 있도록 연습한다. 시작하는 말과 결론은 원고를 준비하는 것이 안전하다. 거울 앞에서 제스처가 적합한지를 확인하고 시간도 잰다.

프리젠테이션 전에 진짜 청중을 상대로 연습할 수 있다면 가장 바람직하다. 예를 들어 고객을 상대로 판매를 권유하는 프리젠테이션을 해야 한다면 실제 목표 고객이 아닌 다른 고객을 상대로 자연스럽게 연습할 수 있을 것이다.

이렇게 청중을 대상으로 하는 연습 과정에서 생기는 실수와 문제를 고쳐나가면 실제 프리젠테이션에서는 시간을 적절히 조절할 수 있고 시각 자료도 더욱 효과적으로 사용할 수 있게 된다. 또한 청중으로부터 예상되는 질문과 문제제기에 대해서도 대비할 수 있다. 많은 사람들을 상대로 연습할수록 실제 프리젠테이션을 더 원만하게 진행할 수 있다.

그러나 연습할 상대를 찾을 수 없는 상황이 많이 있다. 이때에는 반드시 서서 연습하는 습관을 갖는다. 서서 발표하면 호흡도 자유롭고 편안하여, 보디 랭귀지도 다양하게 구사할 수 있다.

3. 프리젠테이션의 속도와 시간

발표자의 85%가 너무 빠른 속도로 프리젠테이션을 시작한다. 속도를 늦추는 연습을 해보자.

- 30초간 아주 큰 목소리로 자신이 말할 수 있는 가장 빠른 속도로 말하고 많이 움직이면서 격한 감정에 휩싸여 프리젠테이션을 시작하는 자신의 모습을 상상한다.
- 다음, 다시 30초간 아주 낮은 목소리로 지극히 느린 속도로 전혀

감정을 섞지 않고 말하는 자신의 모습을 그려본다.

이렇게 하고 나면 속도 조절 범위에 대한 감이 잡힐 것이다. 적절한 속도가 되도록 늦춘다. 속도가 빠른 것보다는 느린 것이 낫다. 더 자신감이 있어 보이기 때문이다. 특히, 시작할 때에는 한 문장을 말한 후에 좀 길다고 느껴질 정도로 말을 멈추는 것이 효과적이다.

또한 약속한 시간을 절대 초과하지 않도록 주의한다. 보조자가 프리젠테이션이 끝나갈 즈음 신호를 보내도록 해둔다. 또는 시간을 상기시키는 메모 카드를 준비할 수도 있다.

항상 정시에 시작하여 정시에 끝내도록 한다. 사람들의 눈에 띄지 않는 곳에 탁상 시계를 준비하여 프리젠테이션 중에 시간을 자주 점검하되 청중이 눈치채지 못하게 해야 한다.

4. 자료의 준비

시각 자료는 프리젠테이션 수일 전에 모두 완성해야 한다. 사람들에게 미리 보여주어 의견과 반응을 들어보고 필요하면 수정한다.

유인물은 백지 대신 옅은 색지에 인쇄하는 것이 효과적이며 평범한 서체보다는 전문적으로 보이는 서체를 사용하고 정시에 배포할 수 있도록 준비한다.

참석자로 하여금 필기하도록 유도한다. 필기해야 할 부분이 나오면 반드시 메모하라고 말해준다. 학습 위주의 프리젠테이션에서는 발표 내용을 들으면서 기록하게 한다.

발표자는 발표 내용 중 가장 중요한 부분과 그렇지 않은 부분을 청중에게 알려주어야 한다. 그래야 청중은 기억해야 할 내용이 무엇인지 확실히 알게 된다.

5. 목소리 관리

프리젠터가 가지고 있는 가장 강력한 무기 중 하나가 목소리이다. 목소리와 호흡법은 밀접한 연관 관계가 있으며, 발표자의 자신감에 커다란 영향을 준다.

일일 성대 훈련법

- 코를 통해 횡경막까지 깊이 호흡하는 법을 연습한다. 공기를 들이 마실 때 배가 나와야 한다.
- 말하는 속도를 늦춘다. 천천히 말할수록 목소리는 힘있게 들린다.
- 시간이 날 때마다 심호흡한다.
- "아, 에, 이, 오, 우"를 음절을 띄어 명료하게 큰 소리로 발음한다. 목소리를 점점 낮추어 가면서 반복한다.

목소리가 갈라질 때는 말을 멈추고 침을 삼킨다. 따뜻한 물을 준비해 놓는 것이 좋다. 찬물, 특히 얼음은 아주 나쁘다. 찬물은 목소리 근육을 수축시켜 소리가 부드럽게 나오지 못하게 한다. 목이 마를 때까지 기다리지 말고 마르기 전에 물을 마신다. 청중이 보지 않는 사이에 물을 마시는 것이 좋다. 예를 들면, 시각 자료를 보게 하거나 필기를 하게 한다.

프리젠테이션 전이나 도중에는 크림을 넣은 커피나 우유를 피한다. 커피 속의 크림이 침을 마르게 하기 때문에 목소리가 갈라지기 쉽다. 아이스크림, 치즈 같은 유제품도 좋지 않다. 치약도 마찬가지이다. 설탕이 들어간 음료 역시 성대에 나쁘다. 따뜻한 물과 아무것도 타지 않은 홍차가 성대에 좋다.

> 자신을 극복하지 못하는 사람은
> 결국 자신에게 극복당하고 만다.
> – 나폴레옹 힐 –

> 나무 한 그루를 베는 데 8시간을 준다면
> 그 중 6시간 동안 도끼날을 갈겠다.
> – 에이브러햄 링컨 –

호흡법과 목소리가 인상에 미치는 영향

좋은 인상		나쁜 인상
느린/ 깊은/여유있는	호흡	빠른/얕은/초조한
낮은/ 따뜻한	목소리	높은/ 떨리는
자신감	무의식	불안함
"난 할 수 있어!" "난 위대해!	자부심	"나는 못 해!" "난 바보야!"
편안한 안정	보디 랭귀지	긴장된 불안
전문가	전체적 인상	비전문가

6. 발표자의 소개

발표자에 대한 훌륭한 소개는 청중으로 하여금 발표자와 주제에 대해 관심을 갖게 만든다. 훌륭한 소개는 어떻게 해야 할까? 우선, 청중이 완전히 조용해진 상태에서 발표자에게 관심을 집중시키도록 한다. 다음, 청중이 듣고 싶어하는 관심사가 무엇인가를 생각한다. 청중이 크게 관심을 가지고 있는 정보를 지금부터 발표하겠다고 설명함으로써 청중의 관심과 주의를 사로잡는 것이다.

❶ 주제의 중요성을 강조한다

주제에 대해 구체저인 예를 들어 청중이 자신과 관련시킬 수 있도록 한다. 주제는 청중의 관심을 이끌어 낼 수 있는 새로운 아이디어일 수도 있고 해결책이 필요한 문제일 수도 있다. 예를 들면:

"비즈니스 프리젠테이션에서 **'무엇을** 말하는가' 보다 더 중요한 것은 **'어떻게** 말하는가' 입니다. 말은 다른 사람에게 전달하려는 전체 메시지 중에서 아주 작은 부분만을 차지할 뿐입니다. 말하는 **스타일**, 목소리, 보디 랭귀지, 그 외 다른 비언어적 요소가 훨씬 더 큰 부분을 차지하고 있습니다."

❷ 청중이 갖고 있는 관심사와 주제를 연계시킨다

청중은 특정한 목적과 목표를 가지고 비즈니스 프리젠테이션에 참석한다. 발표자는 프리젠테이션의 주제가 청중의 목표 달성에 어떤 도움을 줄 수 있는지를 명확하게 지적하여 설명해야 한다.

"간부 직원으로서 여러분은 자신의 견해를 정확히 밝히기 위해 많은 프리젠테이션을 하게될 것입니다. 마켓 리더로서 우리 회사의 성공은 여러분이 고객 및 직원들과 얼마나 **효과적인 커뮤니케이션**을 하느냐에 달려 있습니다. 우리의 경쟁력을 유지하려면 모든 간부사원들이 최고의 프리젠터가 되어야 합니다."

❸ 프리젠터의 자격을 강조한다

발표자의 자격과 관련된 사실 중 청중과 관련 있는 사항을 부각시킨다. 거짓말이나 과장은 절대로 하지 않는다. 그러나 부정적인 측면은 굳이 말할 필요가 없다. 아니면, 긍정적인 방향으로 해석하여 발표한다. 발표자에 대해 청중이 싫어하는 면도 있을 것이다. 발표자와 청중의 유사점을 먼저 강조한다. 유사점에 대해 충분히 인식시킨 후에 차이점을 설명하면 효과적이다.

발표자에 대한 소개는 종이 한 장에 두 줄 간격으로 작성한다. 호흡 조절을 위해 쉼표를 넣고 강조할 부분에는 밑줄을 친다. 앞에서 설명한 발표자 소개의 3단계를 감안하여 자신과 주제에 대한 소개를 작성해 보자.

● 발표자 소개의 예(단계별)

주제의 중요성:

비즈니스 프리젠테이션에서 '무엇을 말하는가' 보다 더 중요한 것은 '어떻게 말하는가' 입니다. 말은 다른 사람에게 전달하려는 전체 메시지 중에서 아주 작은 부분만을 차지할 뿐입니다. 말하는 스타일, 목소리, 보디 랭귀지, 그 외 다른 비언어적 요소가 훨씬 더 큰 부분을 차지하고 있습니다.

주제와 청중과의 연계:

간부 직원으로서 여러분은 자신의 견해를 정확히 밝히기 위해 많은 프리젠테이션을 하게될 것입니다. 마켓 리더로서 우리 회사의 성공은 여러분이 고객 및 직원들과 얼마나 효과적인 커뮤니케이션을 하느냐에 달려 있습니다. 우리의 경쟁력을 유지하려면 모든 간부사원들이 최고의 프리젠터가 되어야 합니다.

주제에 대한 발표자의 자격:

오늘 프리젠테이션과 아울러 세미나를 이끌어나갈 페터 우르스 벤더씨는 비즈니스 프리젠테이션의 전문가이십니다. 여러 유수 기업에서 간부 직원 및 영업사원들의 커뮤니케이션 기술 향상을 위한 세미나와 강연을 하셨습니다. 북미, 유럽, 극동아시아 지역에서 "효과적인 프리젠테이션"을 주제로 수많은 강연을 하신 바 있으며, 『파워 프리젠테이션의 비법』의 저자이기도 하십니다.

오늘 프리젠테이션을 통해 새로운 아이디어를 많이 들려주실 것을 기대합니다. 바쁘신 중에도 우리 회사에 와 주신 데 대해 감사드리며 우리 모두 환영하는 바입니다.

> 훌륭한 소개는
>
> 짧고, 정확하고
>
> 정곡을 찌르는 내용으로 한다.

7. 질의 응답 준비

질의 응답 시간이야말로 발표자의 진면목이 드러나는 순간이다. 최선을 다하는 마음으로 질문에 답하는 것이 중요하다. 청중의 질문에 답함으로써 발표 내용의 요점을 강조할 수 있는 기회가 되므로 발표자의 견해를 명확히 밝히고 청중이 가장 관심을 갖는 문제를 집중적으로 다룬다.

질의 응답 시간을 효과적으로 운영하여 청중의 궁금증을 풀어주는 발표자는 더욱 전문가답게 보인다. 따라서 예상되는 질문에 대해 미리 준비해 두어야 한다.

특히, 다음과 같은 내용의 프리젠테이션에서는 참가자가 제기할 질문을 미리 예상하고 이에 대한 답을 준비하는 것이 좋다.

- 상사에 대한 예산안 프리젠테이션
- 직원 교육
- 기자회견
- 노사협의회
- 잠재 고객에 대한 제안서
- 정기 청문회
- 신제품 컨셉트 소개
- 인사위원회에 대한 실적 평가

이런 상황에서 훌륭하게 대처할 수 있는 유일한 방법은 미리 예상되는 모든 질문에 대해 준비하는 것이다. 발표자의 견해에 반대하는 참석자도 있을 수 있고, 어떤 참석자는 문제 해결을 위해 발표자의 도움을 청할 수도 있다. 또 자신의 견해에 대해 발표자의 의견을 듣고자 하는 참가자도 있을 것이다. 개중에는 발표자에 대해 정면으로 도전하는 참석자도 있을 것이다.

특히, 부정적인 반응이 나오는 경우를 대비하여 어려운 질문이 나왔을 때 당황하지 않도록 사전에 준비하는 것이 중요하다. 동료나 친구와 함께 역할극(role play) 형식으로 서로 어려운 질문을 제기하고 대처 방법을 연구하면 매우 효과적이다.

자료의 일부를 질의 응답 시간을 위해 남겨 놓는 것도 좋은 방법이다. 프리젠테이션이 끝난 뒤에도 청중에게 새로운 것을 설명해 줄 수 있기 때문이다. 주의할 것은 참가자가 먼저 질문하도록 유도하는 것이다. 이럴 경우, 청중은 발표자를 어떤 문제에도 지체 없이 대답할 수 있는 능력을 지닌 전문가로 인식하게 된다. 중요한 것은 미리 준비하는 것이다. 기습적인 질문을 당하는 일이 없도록 한다.

> 현명한 사람은 재난을 미리 예견하므로
>
> 이를 물리칠 수 있다.
>
> - 푸블리우스 시루스 -

● 발표자가 원하는 질문을 하도록 유도한다 get questions you want

질의 응답 시간을 효과적으로 운영하는 방법은 질문을 적은 카드를 참가자 중 몇 사람에게 미리 나누어주고 발표자의 신호에 따라 질문을 하도록 조치하는 것이다.

질문을 받을 준비가 되면 "질문 있습니까?" 하고 신호를 보낸다. 이 방법은 특히 질의 응답 시간을 시작하는 데 아주 효과적이다. 가능하면 목소리가 낭랑하고 뒤편에 앉은 참석자 중에서 택하는 것이 좋다.

청중으로부터 질문이 나오지 않을 때에는 "다른 질문 없습니까?" 하고 묻거나 "가장 많이 받는 질문 중 하나가 … 입니다만" 또는 "이런 질문이 나올 거라고 예상했습니다만…" 하고 발표자 스스로 질문을 하고 대답하는 방법도 있다.

● 그룹별로 질문을 받는다 take questions from groups

질의 응답 시간에 사용할 수 있는 또 다른 방법은 청중을 서너 그룹으로 나눈 다음 각각의 그룹에 대해 한두 가지 질문을 제기하게 하는 것이다. 참가자들은 아주 기본적이거나 어리석은 질문은 스스로 배제하고 많은 사고를 요하는 질문을 생각해 낸다. 이런 질문에 대한 토론은 효과도 높거니와 모든 참가자들이 흥미를 느끼고 적극적으로 참여하게 된다.

● 응답 자세 how to answer questions

질문을 받을 동안에는 반드시 질문자와 시선을 맞추어야 한다. 발표자가 질문에 집중하고 있다는 것을 다양한 보디 랭귀지로 표시한다. 눈을 크게 뜨고 고개를 끄덕이기도 하고 가볍게 미소를 짓는다. 질문자에게 가까이 다가가도 좋다. 질문이 끝나면 천천히 자신의 자리로 돌아온다.

발표자가 질문자에게 보여주는 관심과 집중력으로 두 사람 사이에는 일종의 "자기장"이 형성된다. 발표 장소에 있는 참석자 각자에게 시선을 주어 모든 참석자가 소속감을 느끼도록 한다.

질문을 받을 때마다 천천히 그리고 큰 소리로 질문을 반복하여 모든 사람이 들을 수 있도록 한다. 이렇게 하면 모든 참석자가 질문을 이해하게 된다. 더 나아가 질문자의 기분이 좋아지며, 발표자는 답을 준비할 수 있는 시간을 벌게 된다.

● 질문에 대해 감사를 표한다 thank participants for their questions

질문을 받으면 일단 질문자에게 감사함을 표시한다. 질문이 건설적이지 않거나 질문자의 발언에 발표자가 동의하지 않을 경우에는 간단히 질문을 해주어서 고맙다고 말한다. 어떤 경우에든 질문자가 스스로를 중요하게 느끼도록 해야 한다.

발표자는 청중의 반응을 고대하고 있다. 청중이 반응을 보여줄 때에는 그에 대한 보답을 해야 한다. 사람들 앞에서 특히, 동료들 앞에서 망신을 주거나 바보같이 느껴지게 만들어서는 안 된다.

● 동의하는 점을 강조한다 focus on areas of agreement

청중이 발표자의 의견과 반대되는 반응을 보일 때에는 보다 중요한 사항이나 무게가 나가는 점과 비교해 준다. 긍정적인 부분을 강조하고 부정적으로 느껴질 수 있는 대답은 최소한으로 언급한다. 질문자에게 동의하는 부분에 대해 설명하도록 요청한다. 설사 질문자의 견해에 동의하지 않는다 하더라도 발표자는 그것을 이해하기 위해 노력해야 한다. 예를 들면:

"무슨 말인지 충분히 알겠습니다. 그렇지만 제 생각에는…"

"어려운 질문이군요. (잠시 말을 멈추고 고개를 끄덕이며 심각한 표정을 짓는다. 생각하는 동안 입술을 지그시 물어도 좋다) 이렇게 한번 생각해 보면 어떨까요?"

"질문의 요지를 충분히 이해합니다. 그런데 더욱 중요한 것은…."

"맞는 말입니다. 그런데 그보다 더 중요한 것은…"

● 응답 시점 when to answer

청중에게서 질문이 나오는 대로 즉시 응답하는 것이 가장 좋다. 대답을 기다리게 하는 것은 바람직하지 않다. 그러나 나중에 답을 하는 것이 더 효과적인 경우에는 나중에 답하겠다고 말한다. 이 경우 중요한 것은 반드시 후에 답을 주어야 한다는 것이다. 프리젠테이션을 시작할 때 질문시간을 언제 갖게될지 말해주는 것이 좋다. 참석자가 마음놓고 질문할 수 있도록 하는 것이 중요하다. 사람들은 남 앞에서 질문하는 것에 거북함을 느끼는 경향이 있다. 모든 참석자가 편안한 마음으로 질문할 수 있는 분위기를 만들어 준다.

질문에 답하는 과정에서 발표자가 프리젠테이션 도중에 실수를 했거나 설명을 하지 않은 채 그냥 지나친 것이 발견될 수도 있다. 이때는 다시 설명해 주면 된다.

"아까 이 점을 명확하게 하지 않은 것 같군요. 제 요지는…"

"아까 말씀드린 …에 대해 다시 설명해 드리겠습니다."

참석자가 발표자의 말을 이해하지 못한 경우, 절대 참석자를 탓해서는 안 된다. "금방 말씀드리지 않았습니까? 그래도 모르겠어요?" 따위의 말은 절대로 하지 않는다.

● 까다로운 질문에 대한 응답법
special situations during question and answer sessions

질문자가 정곡을 찌르지 못하고 장황하게 늘어놓을 때에는 끝까지 들어준다. 질문자에게 시선을 주며 계속하라는 표정과 몸짓을 보여준다.

"질문을 제가 한번 요약해 보겠습니다…"

극히 개인적인 질문에는 다음과 같이 응답한다.

"타당한 질문이 아닌 것 같군요."
"개인적인 질문이기 때문에 답하지 않겠습니다."

모호한 질문일 때에는 보다 적절한 용어를 사용하여 다시 질문을 반복해 준다.

"지금 하신 질문을 제가 다시 말해보겠습니다. 질문하신 내용은 …입니다. 맞습니까?"
"그러니까 …에 대한 질문이군요."

어떤 경우에도 "할 말이 없다"고 대답하지 않는다. 청중은 발표자가 무엇인가를 숨기고 있다고 생각하게 된다. 이는 또한 청중을 무시하는 말로 들릴 수 있다.

질의 응답에서 또 하나 중요한 것은 언제나 정직하고 솔직하게 답해
야 한다는 것이다.

질문에 대한 답을 모를 때에는 사실대로 말하고 답을 찾아주겠다고
약속한다. 질문자의 주소와 전화번호를 알아놓고 정확한 정보를 찾는
대로 알려준다.

"아주 좋은 질문입니다. 그런데 제가 답을 몰라 죄송합니다. 최선을 다해
답을 찾아보겠습니다. 전화번호를 주시면 찾는 대로 연락을 드리겠습니다."

청중은 발표자의 성의 있는 태도에 호감을 가질 것이다. 그렇지만
모든 질문에 이와 같이 답하는 것은 곤란하다.

정말로 이상하거나 어려운 질문을 받은 때에는 정직하게 말하는 것
이 바람직하다.

"많은 강연을 했지만 그런 질문을 하시는 분은 처음입니다."
"정말 재미있는 질문입니다. 그런 질문은 처음 받아 보는데요."
"정말입니까? 그런 일이 있다는 말은 처음 들었습니다만…"

● 고의적인 질문으로 방해할 때
handling negative interruptions from your audience

때로는 발표자의 실력을 꺾어 놓기 위해 고의적인 질문을 하는 참가
자도 있다. 발표자는 아무런 잘못도 없이 청중에게 집중할 수 없게 된

다. 이런 때에는 다음 두가지 사항을 기억해야 한다.

첫째, 어떤 상황에서도 냉정을 잃거나 흥분하거나 화를 내서는 안
된다.
둘째, 발표자가 고의적인 질문 공세에 시달릴 때, 청중은 발표자의
편이 된다는 사실을 생각한다. 발표자와 마찬가지로 청중 또
한 불쾌감을 느끼며 발표자가 꿋꿋하게 진행하기를 응원하게
된다.

이 같은 경솔한 방해에 대처하는 가장 좋은 방법은 이들의 질문은
무시한 채 다른 사람의 질문을 받고 대답하는 것이다. 발표자와 발표
내용을 조롱하는 질문은 철저히 무시한다. 질문자에게 일체 시선을 주
지 않는다. 그래도 통하지 않을 때에는 조용히 하거나 나가줄 것을 정
중하게 요구하고 실제로 나갈 때까지 프리젠테이션을 진행하지 않는
다. 이렇게 되면 대부분의 훼방꾼은 조용해질 것이다.

어리석은 질문에 대해서는 재미있는 질문을 해 주셔서 고맙다고 가
볍게 언급하고 질문을 무시한 채 다음 질문으로 넘어간다. 악의적인
발언은 무시하는 것이 좋다. 절대 화를 내거나 흥분하면 안 된다.

발표 장소에 있는 전화는 모두 연결이 되지 않도록 조치를 취한다.
안내에서 전화를 받아서 나중에 참석자에게 전갈하도록 하여 프리젠
테이션 도중에 전화를 받기 위해 자리를 뜨는 참석자가 생기지 않게
한다.

호출기나 휴대전화는 미리 전원을 끄도록 요청한다. 떠드는 사람이

있을 때에는 정중하게 조용히 해 줄 것을 요구한다.

> 완벽한 거짓말을 할 수 있을 정도로
> 기억력이 좋은 사람은 없다.
> - 에이브러햄 링컨 -

8. 과거 자료의 활용

● 이전의 자료를 다시 활용한다 recycle your old speeches

과거에 했던 프리젠테이션 자료를 보관하는 파일을 마련해 두자. 2 ~3년 정도가 지난 후라면 상당 부분을 다시 사용할 수 있다.

새로운 내용을 준비하는 것보다 새로운 참가자를 찾는 것이 훨씬 쉽다. 2~3년 전에 들었던 프리젠테이션에 다시 참석하는 사람은 그리 흔하지 않다. 대부분의 경우 발표자는 늘 새로운 청중을 대하게 된다. 그러니, 발표자가 예전 자료를 사용한다 해도 이들에게는 처음 대하는 정보가 된다. 혹시 전에 참가했던 사람이 있다 하더라도 내용을 기억하는 사람들이 과연 몇 명이나 될까?

● 상황에 맞추어 조금씩 내용을 변경한다 twenty percent change

프리젠테이션 때마다 새로운 내용을 준비하는 것은 쉽지 않은 일이다. 기존에 준비한 프리젠테이션의 내용에서 20% 정도만 바꾸면 어떤 상황에도 적합하게 맞출 수 있다.

청중은 계속 변하며, 사람들이란 자꾸 잊어버리게 되어 있다. 청중의 상황과 요구에 맞추어 내용을 약간씩 변화시킨다면 기존의 프리젠테이션 자료로 여전히 청중의 관심을 사로잡을 수 있다.

9. 프리젠테이션의 마지막 비법

● 청중에게 무엇을 줄 수 있나? what's in it for them?

파워 프리젠테이션의 열쇠는 발표자가 뚜렷한 목표의식을 갖는 것이다. 자신의 프리젠테이션 안에 청중에게 도움이 되는 내용이 담겨 있는지 생각해 보아야 한다. 자신의 발표가 참석자에게 도움을 줄 수 있다는 확신을 갖고 있는 발표자는 더 큰 자신감을 가지게 되어 설득력 있는 파워 프리젠테이션을 할 수 있게 되는 것이다.

● 나는 무엇을 얻을 수 있나? what's in it for you?

프리젠테이션은 아주 재미있는 작업이다. 자신의 견해와 경험을 다른 사람들과 함께 나눌 수 있는 흔치 않은 기회를 제공한다. 일정한 그룹을 대상으로 프리젠테이션을 완벽하게 할 수 있다면, 앞으로 다른 청중 앞에서도 더 성공적인 프리젠테이션을 할 수 있을 것이다.

그러나 한 가지 확실한 사실이 있다. 어쩌다 한 번 서투른 프리젠테이션을 하게 되면, 그에 대한 소문이 빠르게 번진다는 것이다.

정말 훌륭한 프리젠터가 아닌 한, 어쩌다 한 번 프리젠테이션을 잘했다 하더라도 이를 퍼뜨리는 참석자는 그리 많지 않은 법이다. 인생이란 그런 것이다. 발표자는 자신이 최선을 다했다는 것에 대해 자부심을 갖고 그래도 모자라는 부분을 찾아 개선해야 한다. 때로는 일이 잘 안 될 수도 있다. 철저한 준비와 긍정적인 마음가짐을 가지면 이런 일이 최소한으로 줄어든다.

이제까지 파워 프리젠테이션을 할 수 있는 비법에 대해 살펴보았다. 마지막 남은 한 가지 비법이 있다.

역사상 위인들의 업적을 살펴보면 중요한 것은 아는 것이 아니라 '아는 것을 어떻게 실천하느냐' 라는 것을 깨닫게 된다. 위대한 일은 지식만으로는 이루어지지 않는다. 목표를 확실하게 정하고 이를 끈기있게 추구할 때만 우리는 큰일을 이룰 수 있다.

그러므로 파워 프리젠테이션의 마지막 비법은 준비하는 것이다. 지금 당장, 그리고 꾸준히.

아는 것은 힘이다. 그러나 사용하지 않는 지식은 아무런 소용이 없다. 일을 단지 올바르게 하는 것보다는 올바른 일이 무엇인지를 찾아 그 일을 하는 것이 더욱 중요하다.

> 인간은 행동할 수도 있고,
>
> 꽁무니를 빼고 앉아 기적을 기다릴 수도 있다.
>
> 기적은 진실로 위대하지만
>
> 너무도 예측할 수 없는 것.
>
> – 피터 F. 드러커 –

요약

파워 프리젠테이션을 위한 효과적인 준비

- 리허설은 반드시 서서 한다.

- 천천히 시작하는 법을 연습하고 익힌다.

- 청중이 볼 수 없는 곳에 탁상 시계를 준비한다.

- 사전에 일부 참가자에게 도움을 청하여 원만한 진행이 되도록 한다.

- 날마다 목소리를 훈련한다.

- 발표자에 대한 소개는 기록하여 준비한다.

- 질의 응답 시간에 대비하여 준비한다.

- 나중에 참조할 수 있도록 과거 발표 내용을 보관한다.

부록

"나는 행운이 있다는 것을 확고하게 믿었다.
그리고 열심히 일할수록 운이 더 따른다는 것을 깨닫게 되었다.

– 스티븐 버틀러 리콕 –"

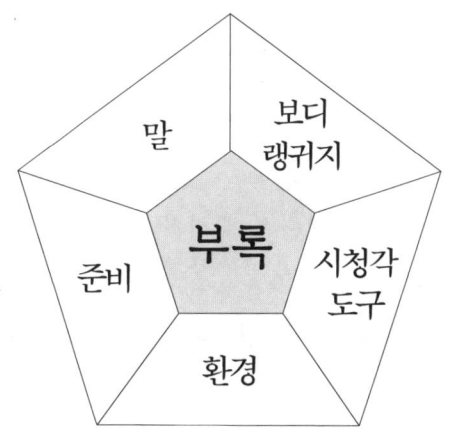

1. 팀 프리젠테이션

때로는 팀의 일원으로서 프리젠테이션을 해야 할 경우도 있다. 이때 중요한 것은 균형있고 일관성 있는 발표이다. 각자의 프리젠테이션은 명확하고 효과적이어야 하지만 전체와 조화를 이루어야 한다. 이렇게 하려면 팀원들이 서로의 프리젠테이션 기술에 적응해야 한다.

● 팀워크 work together

• 팀 프리젠테이션은 시작, 중간, 끝이 명확해야 한다.
• 프리젠테이션을 소개하는 팀원이 각 개인의 주제에 대한 개요를 설명한다.
• 결론을 발표하는 팀원이 발표된 모든 주제를 요약한다.

- 각 프리젠테이션마다 시작, 중간, 끝이 확실해야 한다. 각 발표의 골자가 주요 주제와 관련되어 있으면 청중이 이해하기 쉽다.
- 각자의 발표 시간을 고르게 하여 한 사람이 프리젠테이션을 주도하는 일이 없도록 한다.
- 발표자는 다른 팀원들보다 앞에 서거나, 다른 팀원은 앉고 발표자만 서도록 한다.
- 시청각 도구를 사용할 때는 팀원들이 서로 도와준다.

● 팀 이미지 convey a team image

- 앞 또는 다음의 발표 내용과 자신이 발표할 내용이 어떤 상관관계가 있는지를 설명해주면 각 팀원이 발표한 프리젠테이션의 관계를 청중이 쉽게 이해할 수 있다. 앞뒤 발표자의 발표 내용을 인용하는 것도 좋은 방법이다.
- 일반적으로 그룹 프리젠테이션에서는 모든 팀원의 발표가 끝날 때까지 청중의 질문을 보류하는 것이 좋다. 그러나 주제나 청중에 따라 각 팀원의 발표 후 2~3분간 질의 응답 시간을 가질 수도 있다.
- 팀원들이 사용하는 시각 자료는 동일한 서체나 그래픽을 이용하여 일관성 있게 준비한다.
- 팀 이미지를 전달하기 위해 소속감을 주는 복장을 하는 것도 좋은 방법이다.

> 만남에서 시작하여
> 한 걸음 나아가 만남을 유지하고
> 함께 일함으로 성공을 이룬다.
> - 헨리 포드 -

2. 프리젠테이션 준비시 점검 사항

- 프리젠테이션 날짜가 확정되는 대로 참석자에게 발표하되 가능한 한 미리 여유 있게 알려준다. 발표 장소를 확인한다.
- 참가자에게 프리젠테이션의 주제를 알려준다. 이때 프리젠테이션의 내용이 참가자에게 어떤 도움을 줄 것인가를 설명한다.
- 발표자에 대한 홍보는 미리 하는 것이 좋다. 보통은 주최측에게 하게 되는데 발표자에 대한 충분한 홍보 자료를 제공하여 참석자가 발표자에 대한 신뢰를 가질 수 있도록 한다.
- 발표 장소가 청중의 규모와 프리젠테이션의 성격에 적절한가 확인한다.
- 필요한 경우에는 아침이나 점심 식사를 제공할 수 있다. 술은 되도록 제공하지 않는 것이 좋다. 휴식시간에는 커피, 홍차, 쥬스 등 간단한 음료를 제공한다.
- 발표 장소에서는 흡연을 금지한다. 사전에 재떨이를 모두 치우도

록 한다. 휴식시간 중 흡연장소를 제공한다.

- 이름표를 준비하여 발표 장소 입구에서 나누어준다.
- 좌석을 미리 배치할 경우에는 서로 모르는 참석자를 이웃에 앉게 하는 것이 좋다.
- 참석자의 복장에 대해 사전에 알려준다. 정장인지, 평상복인지를 명확히 밝힌다.
- 장소와 참석자의 수에 변동이 생기면 발표자와 초청인사들에게 적어도 48시간 전에 알려주어야 한다.
- 프리젠테이션 종료 후에 설문지를 배포하여 참석자의 평가를 받는다. 예를 들면 가장 좋았던 내용, 발표 내용이나 전달 방법의 개선점 등에 대한 참가자의 의견을 받아 놓으면 다음번 프리젠테이션에 도움이 된다.

3. 프리젠테이션 3일 전 점검 사항

- 발표할 내용을 항목 형식으로 정리하여 메모 카드에 기록한다. 프리젠테이션의 목표를 한 문장으로 요약한다.
- 시작하는 말과 결론 부문을 메모 카드에 따로 기록하고 연습한다. 빈 메모 카드를 준비하여 생각나는 것이 있을 때마다 기록한다.
- 프리젠테이션 전체 내용을 선 자세에서 3차례 연습한다. 가능하면 "청중" 앞에서 행한다.
- 예상되는 질문과 이에 대한 답변을 준비한다. 질문을 메모 카드에

적어 발표 당일 약속된 참가자에게 나누어줄 수 있도록 준비한다.

- 각종 시각 자료 제작을 완료한다. 시각 자료와 함께 연습한다. 시각 자료가 충분히 보이는지 확인한다.
- 유인물과 필요한 복사물 준비를 끝낸다. 필요한 부수보다 10% 정도 여유있게 준비한다. 파일을 준비하여 유인물을 넣어두면 좋다.
- 발표 장소에 모든 기자재가 제대로 예약되었는지 확인한다. 기자재가 제대로 준비되지 않을 경우를 대비하여 비상 대책을 세운다.
- 가능하면 일주일 전에 발표 장소를 점검해 두도록 한다. 바꿔야 할 부분을 확인하고 좌석 및 기자재 배치도를 준비한다.
- 설득력 있는 발표자 소개문을 작성한다. 소개자가 정확히 읽을 수 있도록 완벽한 문장 상태로 작성한다.
- 프리젠테이션에 입을 의상을 정하고 깨끗한 상태인지 확인한다.
- 마음의 여유를 가질 수 있도록 심호흡을 연습한다.
- 청중의 모습을 상상한다. 기대에 찬 눈빛으로 발표자에게 미소를 보내는 청중의 모습을 그려본다. 발표 내용에 따라 변하는 청중의 변화를 상상한다. 발표자가 던지는 반짝이는 내용과 유머에 찬사와 웃음을 보내는 청중의 모습을 그려본다.
- 발표할 때에는 활력과 열정을 가진다. 그러나 청중의 상태를 충분히 감안한다. 청중이 보이는 열정보다 조금 더 열정적인 것이 좋다.
- 프리젠테이션에 드라마와 역동성을 가미한다.

4. 프리젠테이션 하루 전 점검 사항

• 서류 가방에 다음의 것들이 챙겨져 있는지 확인한다.

소개자가 읽을 수 있는 완전한 문장으로 된 발표자 소개

OHP 투시물, 플립 차트

유인물

• 발표 장소에 가는 방법과 길을 알아둔다. 교통 혼잡, 예기치 않은 자동차 고장 등 만일의 사태에 대비하여 여유 있게 출발한다.

• 주최측 담당자의 이름을 확인한다. 마지막 순간에 돌출될 수 있는 문제에 대비하여 연락처를 알아 놓는다.

• 프리젠테이션에 참석하는 주요 인물의 이름을 알아 놓고 기억해 두는 것이 좋다. 우연히 이들과 마주쳤을 때 할 말을 생각해 놓는다.

• 플립 차트용 마커, OHP용 수성펜, 연필, 화이트보드 마커와 지우개, 분필 등을 준비한다. 주최측에서 모든 것을 준비할 것이라고 생각하지 않는 것이 안전하다.

• 모형, 특수 전시물은 파손되지 않게 포장하여 별도의 가방에 넣는다.

• 자가용을 이용할 경우에는 주유와 세차를 한다. 깨끗한 차를 타면 기분이 좋아지는 법이다.

• 구두를 닦고 의상을 완벽하게 준비한다.

- 프리젠테이션 전체를 한 번 더 연습한다.
- 비상 대책을 언제나 마련해 놓는다. 발생할 수 있는 최악의 사태를 상정하고 이에 대처하는 방법을 생각해 놓는다.
- 뇌 수술도, 간 수술도 아닌 프리젠테이션일 뿐이다. 여유를 갖는다.

5. 워크샵 평가 설문지(참석자용)

일시 :

다음의 질문에 대해 다섯 가지 기준으로 말씀해 주십시오.

① 아주 형편없다 ② 형편없다 ③ 그저 그렇다 ④ 좋다 ⑤ 아주 좋다

1. 이번 세미나가 얼마나 효과적이었다고 생각하십니까?
2. 귀하의 개인적인 경험으로서 이번 세미나를 평가한다면 어떤 점수를 주시겠습니까?
3. 이번 세미나에서 논의된 내용의 귀하의 업무에 얼마나 도움이 될 거라고 생각하십니까?
4. 이번 세미나와 같은 세미나가 있다면 다른 사람에게 권할 의향이 얼마나 있으신지요? 권하신다면 누구에게 권하겠습니까?
5. 이번 세미나에서 가장 좋았던 부분은 무엇입니까?
6. 이번 세미나의 개선점은 무엇입니까?
7. 이번 세미나에서 좀 더 집중적으로 다루었어야 한다고 생각하신 부분은 무엇입니까?

6. 효과적인 비즈니스 회의

- 우선 회의가 반드시 필요한가를 검토한다. 편지나 메모, 또는 전화로 대신할 수 있는 경우가 많을 것이다.
- 회의가 소집되기 전에 의제를 구체적으로 계획하여 회의 며칠 전에 공고하여 참석자 전원에게 준비할 시간을 준다.
- 각 의제 별로 제기될 수 있는 논의점을 예상하여 적절히 시간을 분배한다. 시간이 모자랄 경우에는 의장으로서 과감히 중단시킨다.
- 회의를 주재할 때에는 참석자들이 의제에서 벗어나지 않도록 한다.
- 참석자들에게 충분한 여유를 두고 회의 일자를 공고한다. 회의 하루 전에 다시 알려주고 참석여부를 확인한다. 회의에 참석하지 못하는 사람들에게도 각 의제에 대해 의견을 진술할 수 있는 기회를 준다.
- 회의에 대해 협의가 불충분했다고 불평하는 사람이 나오지 않도록 주의한다. 필요한 사람들과 사전에 충분한 검토를 거친다.
- 정시에 시작하고 정시에 종료한다.
- 항상 의제에 따라 진행한다.
- 참석자의 시간을 낭비하지 않도록 회의를 진행한다. 지각한 참석자에게는 회의 종료 후에 진행된 사항을 알려주고 떠드는 사람에게는 주의를 준다.
- 고의로 질문하거나 회의를 방해하는 참석자에게는 주의를 준다. 공정하게 진행하되 사안을 매도하는 참석자에게는 가차없이 대한다.
- 지각자에 대한 벌금제도를 고려할 수 있다. 사전에 벌금액과 용도

에 대해 의논하여 결정한다. 지각하는 참석자가 눈에 띄게 줄어들 것이다.

> 회의, 프리젠테이션 그리고 책은 길이로 평가하지 않는다.
> 필요한 것보다 두 배 이상의 단어를 사용하고도
> 필요한 내용의 절반도 다루지 못하는 경우가 허다하다.

7. 스스로 하는 평가와 3대 질문 항목

프리젠테이션을 마칠 때마다 스스로 평가하는 것이 바람직하다. 잘된 점과 개선해야 할 점이 무엇인지 확인한다. 실수를 두려워하지 말자. 다음 프리젠테이션에서 얼마나 잘할 수 있느냐가 더욱 중요하다.

3대 질문 항목

요소	잘된 점	잘못된 점	개선점
시작하는 말			
목소리			
전달			
내용			
제스처			
시선 교환			
자세			
미소			
시각 자료 사용			
질의 응답			
끝맺는 말			
출발			

1. 프리젠테이션의 목적이 청중에게 명확히 전달되었으며 목표에 부합했는가?
2. 예정된 시간대로 진행되었는가?
3. 결론에서 제시한 행동이 충분히 이해되었는가?

프리젠테이션에서는 인식이 곧 현실이다.

8. 커뮤니케이션의 과정

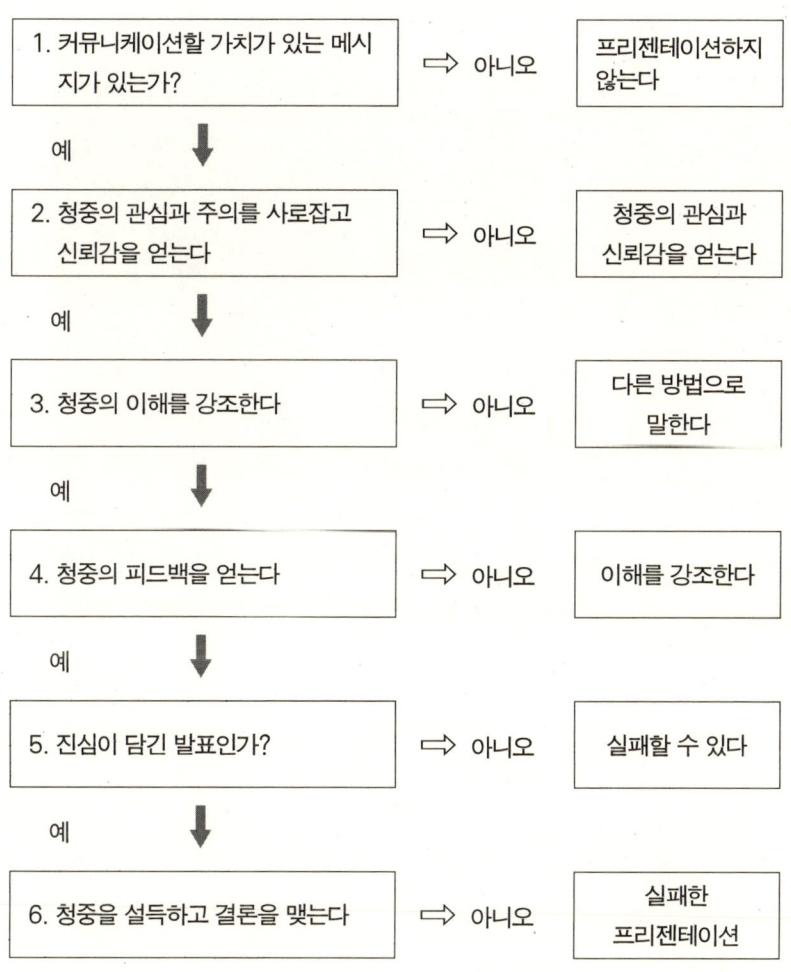

1. 커뮤니케이션할 가치가 있는 메시지가 있는가? ⇨ 아니오 프리젠테이션하지 않는다

예

2. 청중의 관심과 주의를 사로잡고 신뢰감을 얻는다 ⇨ 아니오 청중의 관심과 신뢰감을 얻는다

예

3. 청중의 이해를 강조한다 ⇨ 아니오 다른 방법으로 말한다

예

4. 청중의 피드백을 얻는다 ⇨ 아니오 이해를 강조한다

예

5. 진심이 담긴 발표인가? ⇨ 아니오 실패할 수 있다

예

6. 청중을 설득하고 결론을 맺는다 ⇨ 아니오 실패한 프리젠테이션

9. 준비와 프리젠테이션의 상관 관계

프
리
젠
테
이
션

자주 ↑

괜찮은 편이지만
더욱 잘 할 수 있다.

완벽하다.
새로운 고객 창출
및 주문·거래의 증대

드물게 ⇩

어리석게 보일
뿐만 아니라
실제로도 어리석다.

올바른 방향으로
가고 있다.
계속 노력할 것!

⇦ 안 함   많이 ➡

준   비

옮긴이 **강분석**은 한국외국어대학 독어과를 졸업하고 〈Korea Exhibition〉의 기자를 거쳐 훽스트코리아(주)의 홍보책임자로 10여 년을 일했다. 현재 전문 번역가로 활동하고 있으며 《셰익스피어 스토리》, 《디카프리오》, 《아우렐리우스 명상록―마음의 철학》, 《신의 친구 에픽테토스와의 대화》 등을 번역하였다.

성공을 약속하는 **파워 프리젠테이션**

1판 1쇄 펴낸날 / 2001년 9월 10일
1판 3쇄 펴낸날 / 2005년 1월 22일

지은이 / 페터 우르스 벤더(Peter Urs Bender)
옮긴이 / 강분석

펴낸이 / 이보환
펴낸곳 / 도서출판 사람과 책
등록 / 1994년 4월 20일(제16-878호)

주소 / 135-907 서울시 강남구 역삼1동 605-10 세계빌딩 5층
전화 / 556-1612~4
팩스 / 556-6842
홈페이지 / www.mannbook.com
이메일 / publisher@mannbook.com

※ 잘못된 책은 바꾸어 드립니다.
※ 값은 뒤표지에 표시되어 있습니다.

ISBN 89-8117-061-4 03320